Chris Bezzel   **Wittgenstein**

Wittgenstein stellt alles infrage: die Sprache, die
philosophische Tradition, die Wissenschaft, die
Kultur selbst, die auf der Sprache basiert, aber
auch sein eigenes antimetaphysisch-sprachkritisches
Philosophieren. Der Horizont seines Denkens ist
anthropologisch. Gegenüber jeder Verkürzung
Wittgensteins auf einen Logiker oder einen reinen
Sprachphilosophen macht Chris Bezzel den kultur-
theoretischen Rahmen des wittgensteinschen
Philosophierens deutlich.

Chris Bezzel, geboren 1937, ist Professor für
Germanistische Sprachwissenschaft an der Univer-
sität Hannover.
Buchpublikationen u. a.: Wittgenstein zur
Einführung (4. Aufl. 2000); (Hg.) Sagen und zeigen.
Wittgensteins *Tractatus*. Sprache und Kunst (2005);
Aspektwechsel der Philosophie. Über L. Wittgenstein
(in Vorb.).

Grundwissen Philosophie

Wittgenstein

von

Chris Bezzel

Philipp Reclam jun. Stuttgart

RECLAM TASCHENBUCH Nr. 20318
Alle Rechte vorbehalten
© 2007 Philipp Reclam jun. GmbH & Co., Stuttgart
Reihengestaltung Grundwissen Philosophie:
Gabriele Burde
Umschlagabbildung vorn: Ludwig Wittgenstein, © Suhrkamp Verlag
Umschlagabbildung hinten: Chris Bezzel, © Chris Bezzel
Satz: Steffi Glauche, Leipzig
Druck und Bindung: Reclam, Ditzingen
Printed in Germany
RECLAM ist eine eingetragene Marke
der Philipp Reclam jun. GmbH & Co., Stuttgart
ISBN: 978-3-15-020318-7

www.reclam.de

Inhalt

»Das Unaussprechbare (das, was mir geheimnisvoll
erscheint und ich nicht auszusprechen vermag)
gibt vielleicht den Hintergrund, auf dem das,
was ich aussprechen konnte, Bedeutung bekommt.«

Wittgenstein 1931

»Philosophie dürfte man eigentlich nur *dichten*.«

Wittgenstein 1933/34

»Einmal wird vielleicht aus dieser Zivilisation
eine Kultur entspringen.«

Wittgenstein 1947

Vorwort

Dieses Buch will keinen »Überblick« über Wittgensteins gesamtes Philosophieren geben, sondern einen Einblick in sein Denken. Es geht davon aus, dass Ludwig Wittgenstein (1889–1951) ein Zeichendenker, ein semiotischer Philosoph und Ästhetiker ist, der den Begriff »Sprache« sowohl im Sinne der Alltagssprache als auch metaphorisch (in der Bedeutung jeder Art von Sprache) reflektiert: als zeichenhaftes Handeln.

Zugleich soll gezeigt werden, dass Wittgensteins Lebenswerk bei aller Entwicklung und Selbstkritik eine komplexe Einheit darstellt, ohne ein System auszubilden. Vielmehr handelt es sich um offene Denkbewegungen nach dem Ende der Metaphysik, zu dem Wittgenstein entscheidend beigetragen hat. Man kann von einem Philosophieren jenseits der Philosophie sprechen, gemäß seinem Satz: »Alles, was der Philosoph tun kann, ist, Götzen zu zerstören. Und das heißt, keinen neuen – etwa in der ›Abwesenheit eines Götzen‹ – zu schaffen.«

Die Bibliografie ist als kritische Auswahl aus der unübersehbaren Literatur gedacht. Die Angaben zu den Schlüsselbegriffen sind knapp gehalten, weil die Ablehnung strikter Definitionen zu Wittgensteins philosophischen Ergebnissen gehört.

Das Sprachspiel

Die alte Stadt

Von den vielen Bildern, die Wittgenstein erfunden hat, um seine Auffassung von der Sprache und ihrer Bedeutung für die Lösung der »philosophischen Probleme«[1] deutlich zu machen, scheint *ein* Bild zunächst besonders anschaulich zu sein:

»Unsere Sprache kann man ansehen als eine alte Stadt: Ein Gewinkel von Gäßchen und Plätzen, alten und neuen Häusern, und Häusern mit Zubauten aus verschiedenen Zeiten; und dies umgeben von einer Menge neuer Vororte mit geraden und regelmäßigen Straßen und mit einförmigen Häusern.« (PU 18)

Nimmt man das Bild als einen Vorschlag, die Sprache als etwas Konkretes in Raum und Zeit zu betrachten, als riesige komplexe »Struktur« im wörtlichen Sinn, so fällt zunächst auf, dass das Bild zwei Dimensionen umfasst: das Geschichtliche und den gegenwärtigen Zustand, der aber ebenfalls der Veränderung unterworfen ist. Darüber hinaus macht Wittgenstein mit diesem Bild klar, dass das geschichtlich Gewordene, als System Zusammengebaute trotz »neuer Vororte mit geraden und regelmäßigen Straßen und mit einförmigen Häusern« nichts ist, was sich als Ganzes leicht vermessen, darstellen, überblicken ließe. Und im selben Text relativiert er die schöne Anschaulichkeit des Bildes, noch bevor er es entwickelt, dadurch, dass er den Leser rhetorisch auffordert, sich zu fragen, »ob unsere Sprache vollständig ist«, *und* fragt: »mit wieviel Häusern oder Straßen fängt eine Stadt an, eine Stadt zu sein?«

Die Frage nach der Vollständigkeit unserer Sprache kann nur lakonisch *so* beantwortet werden: Eine Stadt ist eine Stadt, eine Sprache ist eine Sprache; wann und wo sie beginnt, ist ebenso wenig zu beantworten wie die Frage, wann sie vollständig ist, ihr »Wesen« erreicht oder wo sie endet. Dass Stadtverwaltungen Ortsschilder aufstellen und Linguisten Sprachdefinitionen produzieren, ändert nichts an dem Faktum der Häuser jenseits der Schilder und der sprachlichen Kommunikation außerhalb jeder Wohlgeformtheit.

Wittgenstein spricht in diesem Text seines späteren Hauptwerks (mit vielen Vorstufen), den *Philosophischen Untersuchungen*, nicht von den Menschen, die in der alten Stadt wohnen, sie gehören aber zur Logik des Bildes: Unsere Sprache ist, wie jede Stadt, von Menschen gebaut, und wir müssen uns alltäglich in ihr orientieren. Da kann es Probleme geben: Selbst wenn es in den »neuen Vororten mit geraden und regelmäßigen Straßen und mit einförmigen Häusern« – Wittgenstein nennt »den chemischen Symbolismus und die Infinitesimalnotation« als Beispiele für »Vorstädte unserer Sprache« – scheinbar keine Orientierungsprobleme gibt, der größere Teil der Stadt besteht aus einem »Gewinkel von Gäßchen und Plätzen«, »Häusern mit Zubauten«.

Man kann sich also in der alten Stadt verlaufen. Sich in einer Stadt, in einer Sprache, in den philosophischen Problemen nicht zurechtzufinden, das hat für Wittgenstein grundsätzlich und vom ersten und einzigen zu Lebzeiten publizierten philosophischen Buch an, dem *Tractatus logico-philosophicus. Logisch-philosophische Abhandlung,* miteinander zu tun; er hat dazu in den (posthum 1953 veröffentlichten) *Philosophischen Untersuchungen* einen Text formuliert, dessen Kürze im Gegensatz zu seiner philosophischen Bedeutsamkeit steht: »Ein philosophisches Problem hat die Form: ›Ich kenne mich nicht aus.‹« (PU 123)

Wo ich mich nicht auskenne, da sind Wege[2], vielleicht ein »Gewinkel von Gäßchen«, ein Gewirr von Straßen, vielleicht allzu »regelmäßigen Straßen«. Wittgenstein verwendet auch das alte Bild vom Labyrinth[3]: »Die Sprache ist ein Labyrinth von Wegen. Du kommst von *einer* Seite und kennst dich aus;

du kommst von einer anderen zur selben Stelle, und kennst dich nicht mehr aus.« (PU 203)

Die alte Stadt / die alte Sprache kann also zum Labyrinth werden, und sie wird es dadurch, dass sie, obwohl die Menschen sie bewohnen und sich also bis zu einem gewissen Grad in ihr auskennen, zu groß ist und sehr viele irreguläre Straßen hat. Die beiden Bilder der Stadt und des Labyrinths schließen wesentlich ein, dass sich die Menschen *in* ihr / *in* ihm befinden und nicht darüber. Das Problem des Labyrinths besteht sozusagen nicht nur in der Vielzahl von Wegen, sondern darin, dass ich mich jeweils nur »von *einer* Seite« kommend auskenne. Wittgensteins Bild schließt also eine Orientierung nicht etwa tragisch aus, sondern gerade *ein;* ich kann die Orientierung einüben, unter anderem indem ich es lerne, mich nicht auf die »gut gangbaren Irrwege« einzulassen: »Die Sprache hat für alle die gleichen Fallen bereit: das ungeheure Netz gut gangbarer Irrwege.« Wittgenstein sieht seine Aufgabe als Philosoph so: »Ich sollte also an allen Stellen, wo falsche Wege abzweigen, Tafeln aufstellen, die über die gefährlichen Punkte hinweghelfen.« (VB: 474 f.)

Bringt man das Bild des »ungeheuren Netzes« mit der Bildlogik der alten Stadt zusammen, so ergibt sich für die Frage der Entstehung geheimnislos: Die sprachliche Komplexität und Unüberschaubarkeit ist geschichtlich entstanden. Und geschichtlich ist es zu verstehen, wenn es heißt: »Die Menschen sind im Netz der Sprache verstrickt und wissen es nicht.« (PG: 462) Wüssten die Menschen also jedes Mal, dass sie sich im Labyrinth der Sprache befinden, dass die *Sprache* es ist, in deren Netz sie verstrickt sind und auf deren Wegen sie sich verlaufen haben, wäre viel gewonnen, und *insofern* befinde ich mich erst auf einer höheren Stufe, wenn mein Problem die Form bekommt: »Ich kenne mich nicht aus.« (PU 123)

Wie alt die »alte Stadt« ist, fragt Wittgenstein in einer späten Notiz von 1946, die aus einer Fragenkette besteht und den Horizont seines Denkens erfragt, indem sie ihn öffnet:

»Haben wir es mit Irrtümern und Schwierigkeiten zu tun, die so alt sind, wie die Sprache? Sind es, sozusagen, Krankheiten, die an den Gebrauch einer Sprache gebunden sind, oder sind sie speziellerer Natur, unserer Zivilisation eigentümlich? [...] Oder auch: Ist die Präokkupation mit den Sprachmitteln, die unsere ganze Philosophie durchdringt, ein uralter Zug alles Philosophierens, ein *uralter* Kampf? Oder ist es neu, wie unsre Wissenschaft? Oder auch so: Schwankt das Philosophieren immer zwischen Metaphysik und Sprachkritik?«[4]

Wittgenstein stellt alles infrage: die Sprache, die philosophische Tradition, die Wissenschaft, die Kultur selbst, die auf der Sprache basiert, aber auch sein eigenes antimetaphysisch-sprachkritisches Philosophieren. Der Horizont seines Denkens ist anthropologisch. Gegenüber jeder Verkürzung Wittgensteins auf einen Logiker[5] oder einen reinen Sprachphilosophen wird hier der kulturtheoretische Rahmen des Philosophierens von Wittgenstein deutlich. Und wenn er von der übermäßigen Beschäftigung mit den »Sprachmitteln« spricht, bezieht er sich auf den Kern seiner Sprachreflexion: »Die Sprache interessiert mich als Erscheinung und nicht als das Mittel zu einem bestimmten Zweck.« (PG: 190) Sprache ist ein Funktionszusammenhang, er existiert genau darin und dadurch, dass die Menschen handeln. Sprache ist Praxis, Lebensform-Praxis. Sie existiert nicht nur zu einem bestimmten Zweck, sondern als Prozess mit vielen Zwecken.

Spiel

Seit 1930, als Wittgenstein in Wien mit Moritz Schlick und Friedrich Waismann als Vertretern des logizistischen Wiener Kreises diskutierte (vgl. WA 3), und seit seiner Arbeit an dem Fragment *Philosophische Grammatik* (1933/34) wird der Begriff des »Spiels« für ihn immer wichtiger.[6] Zunächst verwendet Wittgenstein – in frappierender Übereinstimmung mit

Ferdinand de Saussure, der bereits Jahrzehnte früher die Sprache mit einem Schachspiel verglichen hatte – das Beispiel des Schachspiels, um zu einem neuen Begriff der Bedeutung von Zeichen zu kommen. Für ihn vertritt das Zeichen nicht substanziell einen Gegenstand und es ist auch nicht nur ein sinnlich wahrnehmbares Gebilde. Wie der Bauer im Schachspiel nicht Zeichen für oder von etwas ist, sondern seine Funktion und (damit) Bedeutung einzig und allein durch die gesamten Regeln des Schachspiels bekommt, so ist sozusagen die Bedeutung der sprachlichen Zeichen »die Gesamtheit der Regeln«, die für ihren Gebrauch gelten. (3:150) Und noch in seinem späteren Hauptwerk, den *Philosophischen Untersuchungen* (1937–1949), verwendet Wittgenstein das Schachbeispiel, etwa so: »Die Frage ›Was ist eigentlich ein Wort?‹ ist analog der ›Was ist eine Schachfigur?‹« (PU 108) Schon in der *Philosophischen Grammatik* nimmt er auch Ballspiele wie Tennis, Fußball und Kricket als Denkmodelle. (PG: 68) Am klarsten wird der Modellgedanke des Spiels in den Texten 66 bis 71 der *Philosophischen Untersuchungen,* die *einen* der möglichen Ausgangspunkte einer Wittgenstein-Lektüre bilden können.[7] Es geht nun um Spiele jeder Art, »Brettspiele, Kartenspiele, Ballspiele, Kampfspiele usw.« (PU 66).

Der Spielvergleich ist bei der Überwindung abstrakten Denkens hilfreich, weil er zeigt, dass es nicht *das* Spiel gibt, keine ein für allemal richtige Definition von Spiel, sondern »ein kompliziertes Netz von Ähnlichkeiten, die einander übergreifen und kreuzen«. Ein solches anschauliches Vergleichen aller denkbaren Phänomene in ihrer lebendigen Funktion kann und soll uns von jeder statischen und hypostasierenden Betrachtung befreien, was Wittgenstein mit der vielleicht wichtigsten Maxime seines gesamten Denkens zusammenfasst: »Denk nicht, sondern schau!« (PU 66) Gerade dass der Umfang des Spielbegriffs offen ist, weil er »*nicht* durch eine Grenze abgeschlossen« ist (PU 68), macht ihn geeignet zur Demonstration dessen, was sprachliche Bedeutung ist. Die

Sprache ist, wie jedes Spiel, nicht *überall* von Regeln begrenzt, und gerade deshalb funktioniert sie so gut wie etwa
das Tennis, wo es keine Regel gibt, »wie hoch man [...] den
Ball werfen darf, oder wie stark, aber Tennis ist doch ein
Spiel, und es hat auch Regeln« (PU 68).

Nur wer »vom Ideal geblendet« ist und nicht sieht, wie Spiele
wirklich gespielt werden, schreckt vor einer »Vagheit in den
Regeln« zurück und verlangt für die sprachliche Logik völ-
lige Geregeltheit bis ins kleinste Detail. (PU 100) Der Begriff
»Spiel« ist ein »Begriff mit verschwommenen Rändern«, und
er ist, wie ein unscharfes Foto, »oft gerade das, was wir brauchen« (PU 71).

Ein Satz, eine Zeichenfolge ist ohne den Zusammenhang
mit dem ganzen Zeichensystem »tot«. Eine Bedeutung eines
Satzes, getrennt von seiner Verwendung, gibt es (entgegen
der repräsentativen Zeichentheorie seit Aristoteles) für Wittgenstein nicht, und die exemplarische Stellung des Spielbegriffs leitet sich auch davon ab: »›Es gibt keinen allein-
stehenden Satz.‹ Denn was ich ›Satz‹ nenne ist eine Spielstellung in einer Sprache.« (PG: 172) Aber auch wenn man
das begriffen hat, besteht die Gefahr, sozusagen auf die
»Stellung« zu starren, statt sich denkend, und das heißt
handelnd, klarzumachen, welche »Züge« vorausgingen und
welche folgen können.

Es ist wichtig zu verstehen, dass Wittgensteins Spielvergleich
– *in* seiner Offenheit – ganz und gar nichts Beliebiges hat,
vielmehr dient er zur Verdeutlichung eines *philosophischen*
Begriffs von Bedeutung, Satz, Sprache. Die Anschaulichkeit
und Offenheit des Vergleichs spricht nicht gegen seine komplexe Stringenz.

Zweifellos ist der zunächst irreführende Begriff des Sprachspiels der entscheidende, der Schlüsselbegriff der späteren
Philosophie von Wittgenstein. Und wollte man einschrän-
kend darauf hinweisen, dass doch der Begriff des Satzes das
zentrale Problem des *Tractatus* und der Übergangsschriften
(*Philosophische Bemerkungen, Philosophische Grammatik,
Blaues Buch, Braunes Buch*) sei, dann wäre zu sagen: Der
Satzbegriff in seiner Reduktion auf den deskriptiven, den
logischen Urteilssatz wird aufgehoben in die Vieldimensio-
nalität des Sprachspielbegriffs. Weil Wittgenstein seit 1929
zunehmend skeptisch gegen jeden Wesensbegriff wurde und
immer klarer den – zwar auch im *Tractatus* schon enthal-
tenen – Zusammenhang von Sprache und Handlung erkannte, war die Erfindung des Sprachspielvergleichs notwendig. Der Weg dahin führt über den Kalkülbegriff[8] der
Mathematik.

Im Übergang bedenkt Wittgenstein »primitive Spiele« (z. B.
PG: 62 f.) und sieht, dass sich alles Spätere, Komplexe aus
einem Früheren entwickelt. Allerdings sind kompliziertere
Spiele nicht die Summe einfacherer.

Für den Sprachspielbegriff ist es nun wichtig, dass er für
Wittgenstein keine »Wesens«-Einsicht ist, sondern sozusagen – als Vergleich – bewusste Setzung; damit entgeht Wittgenstein der definitorischen Eigentlichkeit, dem essenzialistischen Denken: »Wir aber betrachten die Spiele und die
Sprache unter dem Gesichtspunkt eines Spiels, das nach Regeln vor sich geht. D. h. wir *vergleichen* die Sprache immer
mit so einem Vorgang.« (PG 63)

Die wohl früheste Einführung des Sprachspielbegriffs findet
sich im *Blauen Buch*, einem 1933/34 geschriebenen Fragment, dessen erster Satz lautet: »Was ist die Bedeutung eines
Wortes?« (5:15) Diese grundsätzliche Frage nach Bedeutung
führt Wittgenstein über den Begriff des Zeichens zur Bestimmung des Denkens nicht als »geistige Tätigkeit«, sondern als

»Tätigkeit des Operierens mit Zeichen« (5:23). Um zu erklären, was er unter »Zeichen« versteht, lenkt er die Aufmerksamkeit des Lesers auf einfache Beispiele des alltäglichen Gebrauchs von Wort-Zeichen, etwa den Befehl »Hol mir sechs Äpfel vom Kaufmann« (5:36), und er erklärt:

»Ich werde in Zukunft immer wieder deine Aufmerksamkeit auf das lenken, was ich Sprachspiele nennen werde. Das sind einfachere Verfahren zum Gebrauch von Zeichen als jene, nach denen wir Zeichen in unserer äußerst komplizierten Alltagssprache gebrauchen. Sprachspiele sind die Sprachformen, mit denen ein Kind anfängt, Gebrauch von Wörtern zu machen. Das Studium von Sprachspielen ist das Studium primitiver Sprachformen oder primitiver Sprachen. [...] Wenn wir solche einfachen Sprachformen untersuchen, dann verschwindet der geistige Nebel, der unsern gewöhnlichen Sprachgebrauch einzuhüllen scheint. Wir sehen Tätigkeiten und Reaktionen, die klar und durchsichtig sind. Andrerseits erkennen wir, [...] daß wir die komplizierten Formen aus den primitiven zusammensetzen können, indem wir nach und nach neue Formen hinzufügen.« (5:36 f.)

So leicht verständlich diese Einführung des Sprachspielbegriffs auch erscheint, sie enthält doch schon die Verwobenheit nicht nur von verbalem und faktischem Handeln, sondern auch die Idee, dass »Sprache« als Zeichengebrauch ein riesiges Feld menschlicher Tätigkeit bestimmt, dass Sprache nichts ist als ein jeweils spezifisches konkretes Sprachspiel, was aber zugleich bedeutet: Sprache überhaupt ist ein offenes System von Sprachspielen, *ist* Sprachspiel. Jede sprachliche Äußerung ist gesellschaftliches Handeln, und jede praktische Handlung ist sprachlich im semiotischen Sinn: »Und eine Sprache vorstellen heißt, sich eine Lebensform vorstellen.« (PU 19) Wittgensteins sprachphilosophischer Denk- und Formulierungsansatz darf nicht darüber hinwegtäuschen, dass er den Begriff »Sprache« grundsätzlich wörtlich *und* übertragen verwendet, dass jede Zeichengebrauchsform für ihn Sprache ist und damit Sprache jeden formalen Begriff überschreitet in Richtung auf soziale Gemeinschaft, Gesellschaft, Kultur: Lebensform und Sprachform sind für ihn untrennbar.

Dies wird in den *Philosophischen Untersuchungen* präzisiert: »Das Wort ›*Sprachspiel*‹ soll hier hervorheben, daß das Sprechen der Sprache ein Teil ist einer Tätigkeit, oder einer Lebensform.« (PU 23) Wenn verstanden wird, dass »Sprechen ein Teilvorgang von gewissen Handlungen ist«[9], dann gibt es gesellschaftliches Sprechen nicht ohne Handlung und Handeln nicht ohne Verbindung zum Sprechen; der Begriff »Spiel« behält also seinen dynamisch-pragmatischen Akzent, während sein sportlicher und ästhetischer sich abschwächt.

Wie verhält sich nun aber ein Sprachspiel zur Äußerung einzelner Sätze oder Wörter? Aus der pragmatischen Bestimmung des Sprachspiels folgt bereits, dass es für Wittgenstein keine Bedeutung isolierter sprachlicher Zeichen gibt: »Der Satz [...] hat keinen Sinn außerhalb des Sprachspiels. Das hängt damit zusammen, daß er nicht eine Art *Name* ist.« (7:99) Man kann auf die Bedeutung eines Satzes nicht deuten, weil er nur als Aktivität Bedeutung hat. Deshalb ist auch die folgende Bemerkung weniger trivial, als es zunächst scheint: »Ein Sprachspiel umfaßt ja den Gebrauch *mehrerer* Wörter.« (Z 644)

Laut- oder Schriftzeichen können im Grenzfall als einzelne sogar unverstanden bleiben, obwohl der Sprachspielsinn klar ist: »Jemand, der nicht Deutsch kann, hört mich bei gewissen Anlässen ausrufen: ›Welch herrliche Beleuchtung!‹ Er errät den Sinn und gebraucht nun den Ausruf selber, wie ich es tue, ohne jedoch die drei Wörter zu verstehen. Versteht er den Ausruf?« (Z 150)

Eine Lautreihe bezieht sich »so ohne weiteres noch auf gar nichts« (7:368), und der Gebrauch und der Nutzen von Äußerungen hängen unmittelbar miteinander zusammen: »Der Nutzen, d. h. Gebrauch, gibt dem Satz seinen besonderen Sinn, das Sprachspiel gibt ihm ihn.« (7:60) Die falsche Frage, was denn ein Wort oder Satz an sich bedeute, kontert Wittgenstein so lakonisch wie beziehungsreich durch eine Aufforderung: »Beschreibe Sprachspiele!« (PU 486) Sprachspiele beschreiben, immer neu und wieder, das heißt also, die je spezifische geschichtlich-gesellschaftliche Bedeutung von Sätzen herauszufinden. Dass im linguistisch-formalen Sinn nicht festzumachen ist, was *die* Bedeutung von Sätzen und Wörtern ist und wie viele Satzarten es gibt (vgl. PU 23), ist noch nicht alles, nicht einmal die Zahl der Wortarten in einer Sprache lässt sich formal ausmachen: »Die Wortgattung wird erst durch *alle* grammatischen Regeln bestimmt, die von einem Wort gelten, und so betrachtet, hat unsere Sprache eine Unmenge verschiedener Wortarten.« (PB: 118)

Zur Frage der Wortbedeutung gehört auch das Problem, warum Wittgenstein nicht exakter definiert, was er unter »Sprachspiel« versteht. Die Lösung ist: Wittgensteins Relativismus ist sowohl negativ als auch – in seiner Bindung jeder Bedeutung an die konkrete Gebrauchssituation – konstruktiv: Die Handelnden bestimmen je neu, was welche Bedeutung bekommen soll, es gibt nichts Gegebenes, hinter jedem IST scheinbar idealer Bedeutung steckt – Herrschaft, Setzung, die uns nicht beteiligt.

Wenn man verstanden hat, dass der philosophische Nutzen des Sprachspielbegriffs gerade darin besteht, dass er – als durchgehaltener Bildvergleich – keine feste Definition erfährt, stellt sich immer noch die große Frage, »was denn das Wesentliche des Sprachspiels, und also der Sprache ist, was allen diesen Vorgängen gemeinsam ist und sie zur Sprache […] macht«. Wittgenstein antwortet: »Es ist diesen Erscheinungen garnicht Eines gemeinsam, weswegen wir für alle das gleiche Wort verwenden, – sondern sie sind miteinander in vielen verschiedenen Weisen *verwandt*.« (PU 65) »Wir sehen ein kompliziertes Netz von Ähnlichkeiten, die einander übergreifen und kreuzen. Ähnlichkeiten im Großen und Kleinen.« (PU 66) Wittgenstein warnt vor abstraktem Denken mit seiner schon zitierten zentralen Maxime: »Denk nicht, sondern schau!« Nur so kann die Verwechslung von »sachlich« und »begrifflich« vermieden werden, die das Kennzeichen des metaphysischen Denkens ist. (Z 458)

Für die Ähnlichkeit der Sprachspiele verwendet Wittgenstein den Begriff der »Familienähnlichkeit«: »Denn so übergreifen und kreuzen sich die verschiedenen Ähnlichkeiten, die zwischen den Gliedern einer Familie bestehen: Wuchs, Gesichtszüge, Augenfarbe, Gang, Temperament, etc. etc.« (PU 67) Die Sprachspiele bilden eine »Familie«, schließlich die Sprache eine riesige Familie.

Im *Blauen Buch* gibt Wittgenstein genauere Gründe für seine Kritik an unserem »Streben nach Allgemeinheit« (5:38) an: Es ist »unsere Voreingenommenheit für die naturwissenschaftliche Methode«, die uns dazu bringt, »die Erklärung von Naturerscheinungen auf die kleinstmögliche Anzahl primitiver Naturgesetze zurückzuführen« (5:39). Ihr entgehen gerade die Familienähnlichkeiten und damit ihr wirkliches Wesen: »Diese Tendenz ist die eigentliche Quelle der Metaphysik und führt den Philosophen in vollständiges Dunkel.« Gegenüber dem Reduktionismus der Naturwissenschaften mit ihrem Ziel der Erklärung geht es in der Philosophie darum, die unendliche Vielfalt der Erscheinungen zu beschreiben: »Philosophie *ist* wirklich ›rein deskriptiv‹.« (5:39)

In einem solchen Plädoyer für den »Einzelfall« bei vollem Erkenntnisoptimismus liegt wohl das größte antiszientistische Ärgernis der Philosophie von Wittgenstein, der im *Tractatus* die traditionelle Logik mit ihren eigenen Mitteln aufgehoben, aber erst später »das *Vorurteil* der Kristallreinheit« der Logik durch die Drehung »unserer ganzen Betrachtung« mit dem Sprachspieldenken »beseitigt« hat: »Die Philosophie der Logik redet in keinem anderen Sinn von Sätzen und Wörtern, als wir es im gewöhnlichen Leben tun.« (PU 108)

Zu Beginn der *Philosophischen Untersuchungen* gibt Wittgenstein zwei einfache Sprachspiele an, auf die er sich immer wieder bezieht. Das Sprachspiel 1 heißt: »Ich schicke jemanden einkaufen.« (PU 1) Das Sprachspiel 2 ist das berühmte der »Verständigung eines Bauenden A mit einem Gehilfen B« (PU 2). Bald trifft Wittgenstein die erweiternde Festlegung: »Ich werde auch das Ganze: der Sprache und der Tätigkeiten, mit denen sie verwoben ist, das ›Sprachspiel‹ nennen.« (PU 7)

Was ist nun die Funktion des Sprachspielbegriffs im Zusammenhang eines Philosophierens, das sich (seit 1929) als Sprachspieldenken charakterisieren lässt? Darauf geben die Texte 130 und 131 der *Philosophischen Untersuchungen* eine erste Antwort. Für Wittgenstein sind die Sprachspiele keine »Vorstudien zu einer künftigen Reglementierung der Sprache. [...] Vielmehr stehen die Sprachspiele da als *Vergleichsobjekte,* die durch Ähnlichkeit und Unähnlichkeit ein Licht in die Verhältnisse unsrer Sprache werfen sollen.« Ihre Funktion ist also philosophisch-logische Erkenntnis. Er begründet dieses Vorgehen, indem er das Vergleichsobjekt Sprachspiel zum »Maßstab« nicht im normativen Sinn, sondern im Sinne der Messvorrichtung, des Modells erklärt. Auf diese Weise soll das Sprachspieldenken gerade das Vorurteil metaphysischer Fixierung vermeiden, »dem die Wirklichkeit entsprechen *müsse*«. Und in Klammern setzt er hinzu: »Der Dogmatismus, in den wir beim Philosophieren so leicht verfallen.« Nur wenn das Sprachspiel als vergleichender Maßstab dessen dient, was in der sprachlich-gesellschaftlichen Praxis wirklich geschieht, können wir der »Ungerechtigkeit oder Leere« dogmatischer Behauptungen entgehen.

Sprachspiele als Vergleichsobjekte zu benützen – das ist die philosophische Methode, um »in unserm Wissen vom Gebrauch der Sprache eine Ordnung« herzustellen, »eine von vielen möglichen Ordnungen«, um deutlicher werden zu lassen, wie die Sprache »arbeitet« (PU 132). Dahinter steckt eine Idee, die Wittgenstein schon im *Tractatus* mit der Forderung formuliert hatte: »Alle Philosophie ist ›Sprachkritik‹.« (T 4.0031) Es geht um die Funktionsweise der Sprachspiele, jenseits von »Reglementierung« (PU 130) und »Reform« (PU 132). Die Erkenntnisfunktion, die das sprachkritische, ordnend-vergleichende Sprachspieldenken hat, ist nichts Letztes, denn: »Die Klarheit, die wir anstreben, ist allerdings eine *vollkommene*. Aber das heißt nur, daß die philosophischen Probleme *vollkommen* verschwinden sollen.« (PU 133)

Das Sprachspieldenken ist exemplarisch, es zielt nicht auf eine Theorie. Schon im *Tractatus* hatte Wittgenstein Philosophie als eine Tätigkeit, nicht eine Lehre bestimmt. (T 4.112) Die einfachen Sprachspiele, die er beschreibt, sollen gar nicht die Bausteine zu einer Theorie der »verwickelten Fälle« darstellen: »Die einfachen Sprachspiele [...] spielen eine ganz andere Rolle. Sie sind Pole einer Beschreibung, nicht der Grundstock einer Theorie.« (7:123)

Nachdem Wittgenstein in den ersten Texten der *Philosophischen Untersuchungen* einige einfache Sprachspiele eingeführt hat, gibt er in Text 23 eine kleine Liste von Beispielen, um »die Mannigfaltigkeit der Sprachspiele« anzudeuten. Diese Liste, die nicht kanonisch zu verstehen ist, reicht vom »Befehlen« bis zum »Übersetzen«, vom »Beschreiben« in verschiedener Form bis zum »Fluchen«, vom »Herstellen eines Gegenstands nach einer Beschreibung« bis zum »Theaterspielen«, »Reigensingen«, »Rätselraten«, »Witzemachen«. Selbst wenn sich in dieser Liste verdeckte Bezüge zum Gesamtaufbau der *Philosophischen Untersuchungen* finden lassen[10], bleibt ihre Hauptfunktion doch der Hinweis auf die ungeheure »Mannigfaltigkeit der Sprachspiele« als »Werkzeuge der Sprache und ihrer Verwendungsweisen«, was allerdings eine ironische Spitze gegen das einschließt, »was Logiker über den Bau der Sprache gesagt haben. (Und auch der Verfasser der *Logisch-Philosophischen Abhandlung*.)« (PU 23)

Wittgenstein spricht von der »unsäglichen Verschiedenheit aller der tagtäglichen Sprachspiele«, die uns nicht zu Bewusstsein kommt, »weil die Kleider unserer Sprache alles gleichmachen« (PU: 570). Es geht ihm um die Klärung der menschlich-gesellschaftlichen Zeichenpraxis, um philosophische Semiotik: »Philosophie ist nicht Beschreibung des Sprachgebrauchs, und doch kann man sie durch ständiges Aufmerken auf alle Lebensäußerungen der Sprache lernen.« (7:368) Die philosophische Tätigkeit bezieht sich auf »das ganze Feld unserer Sprachspiele« (Z 175), ein riesiges Feld, das die traditionellen Bereiche der Soziologie, der Psychologie und der Ästhetik einschließt.

Wie sich auch einfache Sprachspiele intern noch verästeln, dafür soll folgendes Beispiel aus einem sehr späten Manuskript stehen:

»›Ich weiß, daß er gestern angekommen ist.‹ – ›Ich weiß, daß $2 \times 2 = 4$ ist.‹ – ›Ich weiß, daß er Schmerzen hatte.‹ – ›Ich weiß, daß dort ein Tisch steht.‹ / Ich weiß jedesmal, nur immer etwas anderes. *Freilich,* – aber die Sprachspiele sind weit verschiedener, als es uns bei diesen Sätzen zu Bewußtsein kommt.« (8:104)[11]

Daraus folgt anschaulich, auf was man sich einlässt, wenn man ein Sprachspieldenken im Sinne Wittgensteins beginnt; aber es folgt daraus gerade nicht, was die Chomsky-Linguistik[12] aus der Vielfalt sprachlicher Möglichkeiten folgert, nämlich der generative Formalismus, in dem Grammatik zu einer mathematisch-maschinellen »Vorrichtung« (device)[13] wird, deren »Kreativität« grenzenlos scheint; denn Wittgenstein geht es gerade und qualifiziert um die Sprachspiele, die zum gesellschaftlichen Verhalten *praktisch* gehören und die in ihrer qualitativen Differenz gerade keine »Menge« im mathematischen Sinn bilden. Sie hängen mit dem gesellschaftlichen Leben nicht rationalisierbar zusammen: »Du mußt bedenken, daß das Sprachspiel sozusagen etwas Unvorhersehbares ist. Ich meine: Es ist nicht begründet. Nicht vernünftig (oder unvernünftig). / Es steht da – wie unser Leben.« (ÜG 559)

Es wäre falsch zu sagen: Wittgenstein *gibt* in seinem Philosophieren der Sprache eine ungeheure Bedeutung und Wichtigkeit; vielmehr *erkennt* er – vielleicht am stärksten seit (dem allerdings eurozentrisch-idealistischen) Wilhelm von Humboldt – die Wichtigkeit der Sprache und zieht daraus die Konsequenzen für das Philosophieren. Er sieht auch sehr entfernt erscheinende menschlich-kulturelle Zeichenformen im Zusammenhang mit der Sprache. Ein Beispiel: »Weist das [musikalische] Thema auf nichts außer sich? Oh ja! Das heißt aber: – Der Eindruck, den es mir macht, hängt mit Dingen in seiner Umgebung zusammen – z. B. mit der Existenz der deutschen Sprache und ihrer Intonation, das heißt aber mit dem ganzen Feld unsrer Sprachspiele.« (VB: 523)

Die Frage, wie Sprachspiel und physische Praxis, Wort und Tat im Denken Wittgensteins zusammenhängen, lässt sich mit einem Verweis auf die Wurzeln des Sprachspiels beantworten. Wittgenstein sagt: »Das Sprachspiel hat seinen Ursprung nicht in der *Überlegung*. Die Überlegung ist ein Teil des Sprachspiels. / Und der Begriff ist daher im Sprachspiel zu Hause.« (7:326) Die Überlegung ist nicht primär, was man sowohl phylogenetisch als auch ontogenetisch verstehen muss. Wittgensteins häufige Bemerkungen zur Situation des Kindes, das das Sprachspiel erst lernen muss, sind als Analogien zur Situation des Frühmenschen zu sehen und nicht als Ansätze zu einer Sprachlerntheorie, das heißt als Ideen zur Neubegründung der Psycholinguistik.[14] Näher kommt der Wurzel des Sprachspiels der Satz: »Nicht in jedem Sprachspiel gibt es etwas, was man ›Begriff‹ nennen wird.« (6:433) Das Sprachspiel beruht also auf einer vorsprachlichen »Verhaltungsweise«, die »Prototyp einer Denkweise ist und nicht das Ergebnis des Denkens« (Z 541). Schließlich erklärt er: »Der Ursprung und die primitive Form des Sprachspiels ist eine Reaktion; erst auf dieser können die komplizierteren Formen wachsen. / Die Sprache – will ich sagen – ist eine Verfeinerung, ›im Anfang war die Tat‹.« (VB: 493)

Was Wittgenstein mit »Reaktion« meint, drückt er an anderen Stellen auch mit dem belasteten Begriff »Instinkt« aus, den er aber so unbefangen verwendet, dass man nicht erst seine

Verurteilungen des Behaviorismus zu suchen braucht[15], um zu verstehen, dass seine Verwendung bei Wittgenstein davon unberührt ist: »Der Instinkt ist das Erste, das Raisonnement das Zweite. Gründe gibt es erst im Sprachspiel.« (7:334)

Eine andere Stelle verdeutlicht, wie diese Instinktreaktionen sozialpsychologisch vermittelt sind: »Sicher sein, daß der Andere Schmerzen hat, zweifeln, ob er sie hat, usf., sind ... instinktive Arten des Verhaltens zu den andern Menschen, und unsre Sprache ist nur ein Hilfsmittel und weiterer Ausbau des primitiven Benehmens. (Denn unser *Sprachspiel* ist Benehmen.) (Instinkt)« (Z 545)

Von hier aus ist der Weg zur *logisch*-philosophischen Struktur des Sprachspiels scheinbar extrem weit; aber es zeigt sich in Wirklichkeit, wie komplex Wittgenstein gedacht hat, der nicht nur in den »primitiven Trieben des Menschen« den »Grundbaß« aller großen Kunst gesehen hat (VB: 502), sondern so weit ging zu notieren: »Beim Philosophieren muß man ins alte Chaos hinabsteigen, und sich dort wohlfühlen.« (VB: 542) Dass die Wurzel der Sprachspiele in einer »primitiven Reaktion« liegt, gibt ihnen nicht nur einen Ursprung unterhalb der kognitiven Ebene; es ist auch die Basis dafür, dass alle menschlichen Zeichenformen miteinander verwandt sind: »Die primitive Reaktion konnte ein Blick, eine Gebärde sein, aber auch ein Wort.« (PU: 559)

Dass mit der Zurückführung des Sprachspiels auf Instinkt die Verwandtschaft des Menschen mit dem Tier impliziert wird, hat Wittgenstein gesehen und bejaht, er hat betont, dass auf der instinktiven Ebene des Tiers eine primitive Form von »Logik« realisiert wird, und daraus gefolgert: »Welche Logik für ein primitives Verständigungsmittel genügt, deren brauchen wir [Menschen] uns auch nicht zu schämen. Die Sprache ist nicht aus einem Raisonnement hervorgegangen.« (ÜG 475)

Die Analogie der Logik beim Tier und beim Menschen führt biologisch noch tiefer ins Organismische, in die Basis von Wahrnehmung selbst. Wittgenstein spricht an einer Stelle sogar vom »ursprünglichen Sprachspiel der Wahrnehmung« (7:283) und formuliert noch kurz vor seinem Tod: »Alles Sprachspiel beruht darauf, daß Wörter und Gegenstände wiedererkannt werden. Wir lernen mit der gleichen Unerbittlichkeit, daß dies ein Sessel ist, wie daß $2 \times 2 = 4$ ist.« (ÜG 455) Solches Wiedererkennen ist freilich noch kein Wissen, das zum Ursprung des Sprachspiels auch gar nicht nötig ist: »Warum soll denn das Sprachspiel auf einem Wissen ruhen?« (ÜG 477) Und Wittgenstein fragt theoretisch weiter: »Weiß die Katze, daß es eine Maus gibt?« (ÜG 478) Nur weit unterhalb jeder möglichen Form der Vernunftbegründung lässt sich also als Ursprung des Sprachspiels Spontaneität, Ausprobieren erkennen: »Ich will eigentlich sagen, daß ein Sprachspiel nur möglich ist, wenn man sich auf etwas verläßt. (Ich habe nicht gesagt ›auf etwas verlassen kann‹.)« (ÜG 509)

Es lässt sich nun wohlbegründet sagen, dass für Wittgenstein der Begriff der Sprachspiele von den komplizierten Regeln der Sprachlogik bis hinab zu den kulturellen, anthropologischen Lebensbedingungen reicht und einen Nexus rerum reflektiert, der nur noch universell genannt werden kann.

Die Bedeutung eines Wortes

Wittgensteins Philosophie ist Sprachphilosophie, aber nicht im Sinne einer philosophischen Semantik, einer Bedeutungslehre, die erkennen möchte, was ein sprachliches Zeichen an und für sich ist, was also (scheinbar) bleibt, wenn man von immer neuen Kontexten sozialer wie verbaler Art absieht. Vielmehr relativiert er das in der Geschichte der Philosophie seit Platon so grundlegende Problem der sprachlichen Bedeutung, er entmythologisiert es, indem er auf die metaphysische Primitivität des klassischen Bedeutungsbegriffs hinweist: »Der Begriff der Bedeutung [...] stammt aus einer primitiven Philosophie der Sprache her.« (PG: 56) Primitiv ist der Begriff, weil er traditionell in zu engen Zusammenhang mit der hinweisenden Erklärung gebracht wird, dem Zeigen auf ein Objekt . Das »hinweisende Lehren der Wörter« ist durchaus eine Möglichkeit, sogar »ein wichtiger Teil der Abrichtung« (PU 6); aber es kann nicht leisten, was ihm in der Tradition, zum Beispiel bei Augustinus (PU 1), zugesprochen wird: Es erklärt nicht Kommunikation. Was für diese gesamte Namenstheorie oder Bedeutungstheorie der Sprache gilt, zeigt sich für Wittgenstein schon am Einzelfall der hinweisenden Erklärung: »Die hinweisende Definition erklärt den Gebrauch – die Bedeutung – des Wortes, wenn es schon klar ist, welche Rolle das Wort in der Sprache überhaupt spielen soll. [...] Man muß schon etwas wissen (oder können), um nach der Benennung fragen zu können.« (PU 30)

Der Fehler von Augustinus und vielen anderen liegt darin, dass sie das Bedeutungsproblem via Benennung so behandeln, als käme »ein Kind in ein fremdes Land [...], als habe es bereits eine Sprache, nur nicht diese. Oder auch: als könne das Kind schon *denken,* nur noch nicht sprechen.« (PU 332) Damit das hinweisende Erklären funktioniert, muss also in Wirklichkeit schon eine ganze Menge von kulturspezifischen Bedingungen erfüllt sein; solche Definitionen können daher nicht erklären, wie das sprachliche Be-Deuten unter Menschen zustande kommt und abläuft.

Trotz seiner Skepsis gegenüber der Möglichkeit und dem Nutzen von Definitionen führt Wittgenstein folgende vorsichtige Bestimmung des Bedeutungsbegriffs ein: »Man kann für eine *große* Klasse von Fällen der Benützung des Wortes ›Bedeutung‹ – wenn auch nicht für *alle* Fälle seiner Benützung – dieses Wort so erklären: Die Bedeutung eines Wortes ist sein Gebrauch in der Sprache.« (PU 43)

Die Bedeutung eines Wortes oder Satzes kommt also erst durch das Wie seiner wirklichen Verwendung im sozialen Kontext zustande; das Wort, der Satz ist keine Wesenheit, sondern ein Werkzeug: »Sieh den Satz als Instrument an, und seinen Sinn als seine Verwendung.« Hat also ein Wort zwei Bedeutungen, dann hat es »zwei Arten der Verwendung« (PU 421).

So verblüffend einfach diese Gebrauchstheorie der Bedeutung zu sein scheint, enthält sie in der philosophischen Durchführung doch so viele Probleme, dass Wittgensteins Denken immer neu darum kreist. Auch gehört diese Theorie nicht erst der späteren Philosophie von Wittgenstein an, ihr Kern und Keim ist bereits in den *Tagebüchern* (1914–1916) angelegt, beispielsweise so: »Die Art und Weise, wie die Sprache bezeichnet, spiegelt sich in ihrem Gebrauche wider.« (1:177) Und im *Tractatus* heißt es: »In der Philosophie führt die Frage: ›Wozu gebrauchen wir eigentlich jenes Wort?‹ immer wieder zu wertvollen Einsichten.« (T 6.211) 1948/49 formuliert Wittgenstein lapidar: »Bedeutung, Funktion, Zweck, Nutzen, – zusammenhängende Begriffe.« (7:391)

Weiter in das Dynamische des Bedeutungsbegriffs führend, heißt es in den *Philosophischen Untersuchungen:* »›Die Bedeutung des Wortes ist das, was die Erklärung der Bedeutung erklärt.‹ D. h.: willst du den Gebrauch des Worts ›Bedeutung‹ verstehen, so sieh nach, was man ›Erklärung der Bedeutung‹ nennt.« (PU 560)

Mit solchen und anderen Formulierungen[16] setzt Wittgenstein immer neu dazu an, uns vom Hinstarren auf das, was denn Bedeutung »selbst« sein könne, abzubringen: »Kümmern wir uns nur um das, was die Erklärung der Bedeutung heißt, und um die Bedeutung sonst in keinem Sinne.« (PG: 69) Dass sprachliche Bedeutung in der Sprachspielpraxis entsteht und sich bewährt, dass es also kein semantisches Jenseits, keinen metaphysischen Raum ewiger Bedeutung gibt, meint auch der – sonst nicht verständliche – Satz: »Die Sprache muß für sich selber sprechen.« (PG: 63) Ein Satz, ein Wort hat »keine Bedeutung [...], die ihm gleichsam von einer von uns unabhängigen Macht gegeben wurde, so daß man eine Art wissenschaftlicher Untersuchung anstellen könnte, um herauszufinden, was das Wort *wirklich* bedeutet. Ein Wort hat die Bedeutung, die ihm jemand gegeben hat.« (5:52)

Weil die Bedeutung eine Sache des immer neu zu realisierenden Gebrauchs ist, ist sie auch keine »Aura, die das Wort mitbringt und in jederlei Verwendung herübernimmt« (VB: 511). Übrigens heißt Wittgensteins Vorschlag, Bedeutung durch die Erklärung des Gebrauchs zu bestimmen, keineswegs, dass er »Sprachspielpositivismus« betreibt, wie Jürgen Habermas[17] behauptet.

Die einprägsamste und schönste Bestimmung von »Bedeutung« hat Wittgenstein in einem Bild gegeben: »Nur im Fluß des Lebens haben die Worte ihre Bedeutung.« (7:468) Dabei meint das Bild vom Fluss des Lebens nicht nur den kontextuellen wie textuellen Zusammenhang jeder sprachlichen Äußerung, sondern auch den lebenspraktischen Handlungszusammenhang des alltäglichen Sprachspiels: »Unsre Rede erhält durch unsre übrigen Handlungen ihren Sinn.« (ÜG 229) Solange wir Bedeutung als Gegenstand auffassen, muss es uns stören, dass »der Gedanke eines Satzes in keinem Moment ganz vorhanden ist. Wir sehen ihn wie einen Gegenstand an, den wir erzeugen und nie ganz besitzen, denn kaum entsteht ein Teil, so verschwindet ein anderer.« (Z 153)

Diese Verlagerung der Begriffsbestimmung von Bedeutung zu einer Erklärung der Gebrauchsdynamik macht Schluss mit jeder essenzialistischen Auffassung, was Wittgenstein einmal mit einem Beispiel aus der physikalischen Gewichtsbestimmung veranschaulicht: »›Das was $1\,cm^3$ Wasser wiegt, hat man ›1 Gramm‹ genannt.‹ – ›Ja was wiegt er denn?‹« (PG: 59) Ein Kubikzentimeter Wasser wiegt eben nur deshalb ein Gramm, weil man es so festgesetzt hat.

Wittgenstein geht seit dem *Tractatus* von der Arbitrarität des Zeichens (im Sinne Saussures) aus, lehnt aber den klassischen Nominalismus ab: »Nominalisten machen den Fehler, daß sie alle Wörter als *Namen* deuten, also ihre Verwendung nicht wirklich beschreiben, sondern sozusagen nur eine papierene Anweisung auf so eine Beschreibung geben.«

Nun ist eine ausgezeichnete Form der »papierenen Anweisung« in unserer kapitalistischen Gesellschaft (deren Anfänge in der frühgriechischen Münzwirtschaft liegen) das Geld. Und Wittgenstein hat schon in der *Philosophischen Grammatik* durch den Vergleich von Geld und Namen Kritik am Nominalismus geübt, indem er auf die vielfältige Funktionalität von Geld wie Namen hingewiesen hat: Je nach Gebrauchsfall, je nach der Sprachspielsituation hat ein Name »allemal eine andere Grammatik« (PG: 63). Von hier aus wird auch der sonst rätselhafte letzte Absatz des Textes 120 der *Philosophischen Untersuchungen* verständlich, wo Wittgenstein verdeutlicht, dass eine dingliche Auffassung der Bedeutung ebenso falsch ist wie die Gleichsetzung von Geld mit einer Kuh (also Wort: Bedeutung = Geld: Kuh). Nicht der potenzielle sachliche *Wert* eines Wortes oder des Geldes, sondern der Nutzen des Wortes oder des Geldes erklärt seine Bedeutung.[18] Und in witziger Form meint dasselbe der Satz: »Wie der, welcher Geld heiratet, es nicht in demselben Sinne heiratet, wie er die Frau heiratet, die es besitzt.« (PG: 63)

Der Name, das Wort hat, für sich genommen, noch gar keine Bedeutung; sie entsteht erst und immer neu im Akt der Wortverwendung, linguistisch ausgedrückt: Bezug auf Wirklichkeit kann nicht etwas sein, was zur Wortbedeutung hinzukommt, der Akt der Referenz selbst *ist* die Bedeutung. Und dabei besteht keinerlei Gefahr von Beliebigkeit; denn im alltäglichen Gebrauch eines Wortes liegt, jenseits der Arbitrarität des Wortes, eine genügend große Verbindlichkeit für die Sprachgemeinschaft, sodass Wittgenstein sagen kann: »der Ort eines Worts in der Grammatik ist seine Bedeutung« (PG: 59). (Allerdings ist das ein die Syntax fachübergreifender Begriff von »Grammatik«, der syntaktische, semantische, pragmatische, soziale und historische Aspekte einschließt.)

Über die Relativierung der Bedeutungsproblematik hinaus, die geschichtlich den philosophischen Verstand immer wieder verhext hat (PU 109), ist für Wittgenstein philosophisch der reibungslose alltägliche Sprachverkehr wichtig:

»Die Bedeutung der Worte, was hinter ihnen steht, bekümmert mich im normalen sprachlichen Verkehr nicht. Sie fließen dahin und es werden die Übergänge gemacht von Worten zu Handlungen und von Handlungen zu Worten. Niemand denkt, wenn er rechnet, daran, ob er ›gedankenvoll‹ oder ›papageihaft‹ rechne.« (7:322)

Alltäglicher Sprachverkehr vollzieht sich so sehr als Wechsel und Ineinander von aktiver und verbaler Handlung, dass die Regeln des Handelns den Regeln sprachlicher Bedeutungsrealisierung vergleichbar werden: »Darum besteht eine Entsprechung zwischen den Begriffen ›Bedeutung‹ und ›Regel‹.« (ÜG 62)

Wittgensteins Nachdruck auf der Beschreibung, ja auf der bloßen Feststellung, welche Sprachspiele wirklich gespielt werden, erweckt immer wieder den falschen Eindruck der Kritiklosigkeit. Das Gegenteil ist der Fall: Indem er unermüdlich durch seine Dynamisierung die metaphysisch-formalistische Verdinglichung destruiert hat, hat er erst den Weg dazu frei gemacht, die Bedingtheit und damit geschichtliche Veränderbarkeit jeder Bedeutungsgebung (Semiose) zu denken; erst wenn der innere Zusammenhang menschlich-gesellschaftlicher Wahrnehmung, Praxis und Sprachform als ein Zusammenspiel erfahren wird, kann auch die Konsequenz daraus erfahren und gedacht werden, die sich – gegen den Schein positivistischer Affirmation des Bestehenden – daraus ergibt: »Wenn sich die Sprachspiele ändern, ändern sich die Begriffe, und mit den Begriffen die Bedeutungen der Wörter.« (ÜG 65)

Grammatik, Regeln

Der von Wittgenstein häufig verwendete Begriff der »Grammatik« gehört so eng mit dem des Sprachspiels zusammen, dass man sich wundern muss, welche Verwirrungen er in der Wittgenstein-Rezeption gestiftet hat. Der Hauptgrund dafür ist wohl der unbewusste Widerstand der Interpreten gegen das alle tradierten Normen sprengende pragmatisch-praxeologische Sprachspieldenken. Insbesondere musste der Versuch linguistisch ausgerichteter Interpreten scheitern, den Begriff mit einer der vielen Grammatiktheorien zusammenzubringen. Vielmehr nähert sich Wittgensteins Gebrauch von »Grammatik« der Bedeutung von »Logik« an, allerdings nicht mehr im formalen Sinn des *Tractatus*. Durch das Sprachspiel wird der frühe, grammatisch klare »Satz« gesprengt. Ein Sprachspiel ist nicht als *nur* verbales Gebilde isolierbar, weil es ein Handeln ist.

Wittgenstein, der sich nie explizit um linguistische Literatur gekümmert hat, ist an der Verwirrung nicht ganz unschuldig: durch den metaphorischen Titel *Philosophische Grammatik*.[19] Und er hat den Begriff »grammatisch« gelegentlich in der üblichen Bedeutung von »syntaktisch« benützt.[20]

Jedes Mal aber, wenn er in den *Philosophischen Untersuchungen* von der »Grammatik« eines Wortes, Ausdrucks oder Satzes spricht, etwa von der »Grammatik« der Wörter »wissen«, »meinen«, »denken«, »glauben«, »der Regel folgen«, »Schmerz« oder »Sprache«[21], dann handelt es sich um Erprobungen des Sprachspielbegriffs, die Handlungslogik der alltäglichen Sprachpraxis, die zu beschreiben Aufgabe der philosophischen Tätigkeit mit dem Ziel ist, durch Klarstellung die Probleme zum Verschwinden zu bringen. Der Begriff des »Grammatischen« gehört in den Kontext von Wittgensteins kritischer Auseinandersetzung mit seinem früheren Begriff der »Logik« (PU 89) als einer sublimen Wesenswissenschaft.

Der späte Wittgenstein kommt vom Wesen auf die »*Art der Aussagen,* die wir über die Erscheinungen« der Welt machen. Und in diesem Zusammenhang formuliert er nun allerdings programmatisch: »Unsere Betrachtung ist daher eine grammatische.« (PU 90) Gegen die missverständliche Erforschung des vermeintlich »*unter* der Oberfläche« (PU 92) Liegenden, das erst einer »letzten Analyse« (PU 91) zugänglich sei, setzt er die »grammatische« Betrachtung, die nur »durch Ordnen *übersichtlich*« macht, »was schon offen zutage liegt« (PU 92). Die grammatische Betrachtung des Philosophen muss also durch die Beschreibung des Sprachspiels die »Sprachlogik« (PU 93) sichtbar machen, *nicht* – wie die formale Logik glaubt tun zu müssen – sie quasi durch »Zerlegen« (PU 90) erst herstellen. Die Umgangssprache selbst gibt somit dem Blick des Sprachspieldenkers ihr nun nicht mehr geheimnisvolles »Wesen« frei, und insofern und nur insofern kann Wittgenstein sagen: »Das *Wesen* ist in der Grammatik ausgesprochen.« (PU 371) Der spätere Wittgenstein richtet sich gegen den »Aberglauben« (PU 110), die Sprache besitze ein »unvergleichliches Wesen«, während in Wirklichkeit ein Wort, das *überhaupt* eine Verwendung habe, eine so einfache haben müsse wie »›Tisch‹, ›Lampe‹, ›Tür‹« (PU 97).

Der erste philosophische Schritt ist es, vom logisch-metaphysischen »Glatteis«, auf dem man sich nicht fortbewegen kann, weil die »Reibung« fehlt, »zurück auf den rauhen Boden« der »tatsächlichen Sprache« zu kommen (PU 107): »*Wir* führen die Wörter von ihrer metaphysischen, wieder auf ihre alltägliche Verwendung zurück.« (PU 116) Damit verbunden ist ein zweiter Schritt: das Durchschauen der metasprachlichen Illusion, der irrtümlichen Auffassung, philosophisch rede man von einer höheren Ebene über die Sprache des Alltags, über die »Probleme«: »Wenn ich über Sprache (Wort, Satz etc.) rede, muß ich die Sprache des Alltags reden. Ist diese Sprache etwa zu grob, materiell, für das, was wir sagen wollen? *Und wie wird denn eine andere gebildet?*« (PU 120)

Eine Sprache »zweiter Ordnung« leugnet Wittgenstein grundsätzlich.[22]

Der dritte Schritt erst kann die »grammatische Betrachtung«, die sprachkritische Sichtung der Sprachspielpraxis sein. Sie hat es mit folgender Schwierigkeit zu tun: »Es ist eine Hauptquelle unseres Unverständnisses, daß wir den Gebrauch unserer Wörter nicht *übersehen*. – Unserer Grammatik fehlt es an Übersichtlichkeit. – Die übersichtliche Darstellung vermittelt das Verständnis, welches eben darin besteht, daß wir die ›Zusammenhänge sehen‹. Daher die Wichtigkeit des Findens und Erfindens von *Zwischengliedern*.« (PU 122)

Es geht Wittgenstein nicht um die Verbesserung unseres Sprachgebrauchs, sondern um die unseres »Wissens vom Gebrauch der Sprache« (PU 132). Wenn wir philosophieren, neigen wir zum »Mißdeuten unserer Sprachformen« (PU 111), und deshalb stellt er die Forderung auf: »Die Philosophie ist ein Kampf gegen die Verhexung unsres Verstandes durch die Mittel unserer Sprache.« (PU 109)

Die an die spätere Transformationsgrammatik von Noam Chomsky erinnernden Begriffe »Oberflächengrammatik« und »Tiefengrammatik« (PU 664) haben nichts mit Chomsky zu tun. »Tiefengrammatik« meint bei Wittgenstein die semantisch-pragmatische Vielfalt des Sprachspiels, die sich unter der Oberfläche des Satzbaus zwar oft genug versteckt, aber nicht das übersinnlich-logische Wesen der Sprache ist.

Auch der Begriff der »Regel« (zentral in PU 185–242) darf nicht von der Linguistik her betrachtet werden, weil er »Sprachregeln« von Anfang an überschreitet. Um die Dialektik von Regelbegrenzung und Freiheit von Regeln zu verstehen, muss man vom Bild der Spielregel ausgehen. Es handelt sich um eine *einfache* Vieldeutigkeit.

Für die Regel gibt es keine Wesensdefinition, weil jede realistische Betrachtung von Sprachspielen zeigt, dass »dem, was wir Regel eines Sprachspiels nennen, sehr verschiedene

Rollen im Spiel zukommen können« (PU 53).[23] Damit warnt Wittgenstein davor, die verschiedenartigen Funktionen von Regeln zu übersehen. Er fordert uns auf, den »Umfang« des Begriffs des »Spiels« wie der »Regel« anzusehen, um zu erkennen, dass in der gesellschaftlichen Praxis die Regeln gerade deshalb gut funktionieren, weil sie nicht starr sind. Auf mögliche Einwände antwortet Wittgenstein: »Es [das Spiel] ist nicht überall von Regeln begrenzt; aber es gibt ja auch keine Regel dafür z. B., wie hoch man im Tennis den Ball werfen darf, oder wie stark, aber Tennis ist doch ein Spiel und es hat auch Regeln.« (PU 68) Mit dem linguistischen Begriff der »Akzeptabilität« kommt man hier nicht weiter. Ein Wort, ein Satz hat eben viel mehr Anwendungsmöglichkeiten, als sich abstrakt-linguistisch beschreiben lässt. Beim Tennisspiel gilt: Wie stark ein Spieler den Ball schlägt, ist in den Regeln nicht festgelegt. »Wir kennen die Grenzen nicht, weil keine gezogen sind.« (PU 69) Wenn aber in einer neuen Spielergeneration das Schlagen des Balls immer stärker wird, verändern sich langsam das Spiel selbst und seine Regeln.

Wittgenstein sagt: »Eine Regel steht da, wie ein Wegweiser.« (PU 85) Der Wegweiser zeigt den Weg im Allgemeinen zwar zuverlässig, aber nicht immer; er funktioniert nur innerhalb der Grenzen des praktischen Umgangs. Er ist, das lehrt die alltägliche Erfahrung, kein absolut eindeutiges Zeichen; im Sprachspiel »den Weg nach einem Wegweiser finden« ist nicht *alles* geregelt.

Zentral für das Verständnis des Regelbegriffs ist der Text 224 der *Philosophischen Untersuchungen:* »Das Wort ›Übereinstimmung‹ und das Wort ›Regel‹ sind miteinander *verwandt,* sie sind Vettern. Lehre ich einen den Gebrauch des einen Wortes, so lernt er damit den Gebrauch des andern.« Streng handlungslogisch wird hier klar, dass Regeln etwas sind, was Menschen verbindet, und zwar nicht auf der Basis der Meinungen, sondern des gemeinsamen Handelns.[24] Diese Übereinstimmung ist menschlich-gesellschaftliche Setzung, aber nicht durch Erlass, sondern durch gemeinsame Praxis. Auf der anderen Seite beruht diese Übereinstimmung nicht einfach naturwüchsig auf Erfahrung.

Die Bestimmung der Bedeutung durch die Erklärung des Wortgebrauchs »ist kein Erfahrungssatz und keine Kausalerklärung, sondern eine Regel, ein Übereinkommen« (PG: 68). Der Sache nach hat Wittgenstein damit schon das viel diskutierte Problem einer »Privatsprache«[25] geklärt; denn wenn eine Regel untrennbar ist von sozialer Übereinstimmung, dann muss gelten: »Gewiß, ich kann mir selbst eine Regel geben und ihr dann folgen. Aber ist es nicht nur darum eine Regel, weil es analog dem ist, was im Verkehr der Menschen ›Regel‹ heißt?« Wittgenstein gibt ein Beispiel: »Wenn eine Drossel in ihrem Gesang die gleiche Phrase stets einige Male wiederholt, sagen wir sie gäbe sich vielleicht jedesmal eine Regel, der sie dann folgt?« (6:344 f.)[26]

Spiel, Regel und Bedeutung sind miteinander verbunden: »Eine Bedeutung eines Wortes ist eine Art seiner Verwendung. / Denn sie ist das, was wir erlernen, wenn das Wort zuerst unserer Sprache einverleibt wird. / Darum besteht eine Entsprechung zwischen den Begriffen ›Bedeutung‹ und ›Regel‹.« (ÜG 61 f.)

Insgesamt lässt sich bei Wittgenstein von einer Regelrelativierung sprechen. Das zeigt sich auch darin, dass er »wesentliche« von »unwesentlichen« Regeln unterscheidet und sie durch den Begriff des »Witzes« ergänzt: »Das Spiel, möchte man sagen, hat nicht nur Regeln, sondern auch einen *Witz*.« (PU 564) Erst wenn man Regeln vom Spiel trennt, verlieren sie scheinbar ihre Relativität und werden despotisch: »Die Regel ist als Regel losgelöst, steht, sozusagen, selbstherrlich da; obschon, was ihr Wichtigkeit gibt, die Tatsachen der täglichen Erfahrung sind.« (6:357)

Die Relativität von Regeln im gesellschaftspraktischen Zusammenhang bedeutet auch, dass es kein »komplexes Regelverzeichnis« geben kann, durch das ein Ideal von Regelung erreicht werden könnte. Von einer idealen Verkehrsordnung

zu reden, wenn sie *sämtliche* Bewegungen der Verkehrs-
teilnehmer »durch Vorschriften zu leiten« versuchte, »wäre
sinnlos«, genauer: es wäre alles andere als ein Ideal; denn
es gäbe dann gar keinen Verkehr mehr. (Z 440) Im alltäglichen Sprachspiel verlieren die Regeln, wie beim Rechnen,
alles Pathos. In gewisser Weise lässt sich dann sagen: »Es
braucht die Regel nicht. Es geht uns nichts ab. Wir rechnen
nach einer Regel, das ist genug.« (ÜG 46) Erst idealistische
Regelvorstellungen führen zu rätselhafter Transzendenz, gegen die Wittgenstein setzt: »*So* rechnet man. Und Rechnen ist
dies. Das, was wir z. B. in der Schule lernen. Vergiß diese
transzendente Sicherheit, die mit deinem Begriff des Geistes
zusammenhängt.« (ÜG 47)

Zur anthropologischen Evolution von Regeln sagt Wittgenstein leider sehr wenig. Er geht davon aus, dass das Handeln
nach einer Regel »das Erkennen einer *Gleichmäßigkeit*« vor-
aussetzt (6:348), und gibt an einer Stelle eine Vermutung zur
Regelentstehung: »Eine Vorstufe zum Handeln nach einer Regel wäre etwa die Lust an einfachen Regelmäßigkeiten, wie
das Klopfen einfacher Rhythmen oder Zeichnen oder Betrachten einfacher Ornamente. Man könnte jemand also
abrichten, dem Befehl zu folgen: ›zeichne etwas regelmäßi-
ges‹, ›klopfe regelmäßig‹. Und hier wieder muß man sich eine
bestimmte Technik vorstellen.« (6:346)

Der Normalfall sind die Sprachspiele mit eingespielten Regeln. Wittgenstein formuliert auch die Dynamik, die zu allen
Sprachspielprozessen gehört: »Und gibt es nicht auch den
Fall, wo wir spielen und – ›make up the rules as we go along‹?
Ja auch den, in welchem wir sie abändern – as we go along.«
(PU 83) Dieses »as we go along« entsteht oft aus Spontaneität
(zum Beispiel in der Kunst), hat aber auch die *geschichtlich*
ungeheuer bedeutsame Funktion des Wandels. Die Sprach-
spieltheorie ist auch eine Kulturtheorie.

»Friede in den Gedanken. Das ist das ersehnte Ziel dessen, der philosophiert.« (8:511) Von den vielen Bildern, mit denen Wittgenstein den Sinn seines antisystematischen Philosophierens zusammengefasst hat, ist dieses besonders kennzeichnend. Es setzt voraus, dass das Philosophieren von der individuellen Lebensproblematik erzwungen wird, dass es keine Bemühung um den Fortschritt einer Fachdisziplin ist und dass es wieder in Lebenspraxis mündet; denn der ersehnte »Friede in den Gedanken« zielt klar auf eine Einheit von Handeln und Denken, auf reflektierte Unmittelbarkeit, auf gelingendes Leben. Dass Philosophie kein elitärer Selbstzweck sein soll, hat Wittgenstein in vielen Bestimmungen verdeutlicht, deren Hauptkennzeichen eine grundsätzliche Ambivalenz ist. Einige Beispiele können das zeigen:

»Philosophie ist ein Kampf gegen die Verhexung unsres Verstandes durch die Mittel unserer Sprache.« (PU 109)

»Der Philosoph behandelt eine Frage; wie eine Krankheit.« (PU 255)

»Was ist dein Ziel in der Philosophie? – Der Fliege den Ausweg aus dem Fliegenglas zu zeigen.« (PU 309)

»Die Arbeit an der Philosophie ist [...] eigentlich mehr die Arbeit an einem selbst. An der eigenen Auffassung. Daran, wie man die Dinge sieht. (Und was man von ihnen verlangt.)« (8:472)

»Die Aufgabe der Philosophie ist nicht, eine ideale Sprache zu schaffen, sondern den Sprachgebrauch der bestehenden Sprache zu klären.« (PG: 19)

»Die philosophischen Probleme sind Mißverständnisse, die durch die Klärung der Regeln, nach denen wir die Worte gebrauchen wollen, zu beseitigen sind.« (PG: 68)

»Alles, was der Philosoph tun kann, ist, Götzen zu zerstören. Und das heißt, keinen neuen – etwa in der ›Abwesenheit eines Götzen‹ – zu schaffen.«[27]

»Nur wenn man noch viel verrückter denkt, als die Philosophen, kann man ihre Probleme lösen.« (8:557)

»Philosophische Untersuchungen: begriffliche Untersuchungen. Das Wesentliche der Metaphysik: daß sie den Unterschied zwischen sachlichen und begrifflichen Untersuchungen verwischt.« (Z 458)

So widersprüchlich diese Bestimmungen zunächst erscheinen mögen, sie lassen sich zusammendenken, sobald man versteht, dass für Wittgenstein die Aufgabe des Philosophierens negativ *und* positiv ist und dass die Aufhebung und Selbstaufhebung der Philosophie in ein reflektiertes Leben die Utopie war, die er nie aufgegeben hat.

Von seinem ersten Hauptwerk an, dem 1922 erschienenen *Tractatus logico-philosophicus* (*Logisch-Philosophische Abhandlung*), grenzt Wittgenstein die Philosophie von den Naturwissenschaften, später von jeder Wissenschaft ab: »Die Philosophie ist keine der Naturwissenschaften.« (T 4.111) »Die Philosophie begrenzt das bestreitbare Gebiet der Naturwissenschaft.« (T 4.113) Auch in den *Philosophischen Untersuchungen* postuliert er, dass philosophische Betrachtungen »nicht wissenschaftliche Betrachtungen sein« dürfen. (PU 109) Die Philosophie ist nicht »irgendeine Wissenschaft« (8:489). Wittgenstein kritisiert das Fortschrittsdenken der »typischen westlichen Wissenschaftler« (8:459) und formuliert den Vorwurf: »Das ist das Verhängnisvolle an der wissenschaftlichen Denkweise, die heute die ganze Welt besitzt, daß sie jeder Beunruhigung mit einer Erklärung antworten will.«[28]

Gegen das »typisch aufbauende« Fortschrittsdenken der modernen Wissenschaft setzt er sein Ziel der »Klarheit«, der »Durchsichtigkeit«. (8:459) Und gegen die Erklärungssucht der Wissenschaft formuliert er programmatisch eine seiner wichtigsten Losungen: »Alle *Erklärung* muß fort, und nur Beschreibung an ihre Stelle treten.« (PU 109)

Bei aller – von der Rezeption überschätzten – Denkentwicklung hat sich Wittgenstein lebenslang nicht entfernt von dem, was er im *Tractatus* als Aufgabe der Philosophie gekennzeichnet hat.

»Der Zweck der Philosophie ist die logische Klärung der Gedanken. / Die Philosophie ist keine Lehre, sondern eine Tätigkeit. Ein philosophisches Werk besteht wesentlich aus Erläuterungen. [...] Die Philosophie soll die Gedanken [...] klar machen und scharf abgrenzen.« (T 4.112)

»Die Philosophie [...] soll das Denkbare abgrenzen und damit das Undenkbare. [...] Sie wird das Unsagbare bedeuten, indem sie das Sagbare klar darstellt.« (T 4.113 ff.)

Eines der wichtigsten Ziele des *Tractatus* ist der Nachweis, dass Philosophie als Tätigkeit nicht zu wahrheitsfähigen, unbezweifelbaren Sätzen, zu »letzten« Wahrheiten führen kann oder führen soll, dass sie »keine Bilder der Wirklichkeit« (1:206) gibt.

Philosophie als logische Klärung der Gedanken ist eine kritische, eine sprachkritische Tätigkeit: »Alle Philosophie ist ›Sprachkritik‹.« (T 4.0031) Basis dieser philosophischen Sprachkritik ist das »Mißtrauen gegenüber der Grammatik« (1:206) und damit die kritische Prüfung des sprachlichen Ausdrucks der Gedanken. Dagegen enthält dieser Begriff der Sprachkritik nicht die Spur von sprachreformerischer Absicht. Zwar ist die Umgangssprache als »ein Teil des menschlichen Organismus« sehr »kompliziert«, und »es ist menschenunmöglich, die Sprachlogik aus ihr unmittelbar zu entnehmen«. (T 4.002) Doch: »Alle Sätze unserer Umgangssprache sind tatsächlich, so wie sie sind, logisch vollkommen geordnet.« (T 5.5563) Nur deshalb wird philosophische Sprachkritik nötig, weil die logische Struktur verdeckt ist: »Die Sprache verkleidet den Gedanken. Und zwar so, daß man nach der äußeren Form des Kleides nicht auf die Form des bekleideten Gedankens schließen kann; weil die äußere Form des Kleides nach ganz anderen Zwecken gebildet ist als danach, die Form des Körpers erkennen zu lassen.« (T 4.002)

Philosophische Sprachkritik verbessert also weder die Sprache noch den Gedanken, sie idealisiert auch nicht sozusagen den nackten Gedanken; vielmehr will sie die Körperformen des Gedankens, der nur sprachlich existieren kann, sichtbar machen, sie will »das Wesentliche *unserer* Sprache von ihrem Unwesentlichen [...] sondern« (2:51). Philosophische Sprachkritik klärt, was wir eigentlich schon wissen können: dass »die gewöhnliche Sprache« »die Struktur der Sätze« verbirgt (1:207), dass »die stillschweigenden Abmachungen zum Verständnis der Umgangssprache enorm kompliziert« sind (T 4.002). Sie macht deutlich, was in der Sprachstruktur nicht ausgedrückt, aber »zu jedem Satz dazugedacht« wird (1:163). Sie zeigt damit, dass der Sinn des Satzes komplizierter ist als seine uns oft irreführende Ausdrucksform, dass »die scheinbar logische Form des Satzes nicht seine wirkliche sein« muss (T 4.0031). Wittgensteins ambivalente Einstellung zur Philosophie bezieht sich auch auf die philosophische Tradition, insofern sie Lehre betreibt: »Die meisten Fragen und Sätze der Philosophen beruhen darauf, daß wir unsere Sprachlogik nicht verstehen.« (T 4.003)

Die Methode des *Tractatus* ist die sprachkritisch-antimetaphysische Scheidung der sinnvollen, der sinnlosen und der unsinnigen Sätze mit dem Ziel der Trennung des Sagbaren vom Unsagbaren. (T 4.115) Wie sich am späteren Sprachspieldenken gezeigt hat, hat Wittgenstein die Methode erweitert, verzweigt, diversifiziert, nicht jedoch das Ziel geändert. Immer noch ist es Sprachkritik, wenn er formuliert: »*Wir* führen die Wörter von ihrer metaphysischen, wieder auf ihre alltägliche Verwendung zurück.« (PU 116) Es geht ihm nicht um die Neukonstruktion von Denkgebäuden, sondern um die Zerstörung von »Luftgebäuden« (PU 118), um die »Einsicht in das Arbeiten unserer Sprache« (PU 109).

So wird deutlich, dass vermeintlich skandalös konservative Sätze Wittgensteins die Veränderung der gesellschaftlichen *Lebenspraxis* gerade vorbereiten, ja einschließen, indem sie sich von der philosophischen Illusion befreien, die Stilreform der *Sprachpraxis* könne irgendetwas leisten.

»Die Philosophie darf den tatsächlichen Gebrauch der Sprache in keiner Weise antasten, sie kann ihn am Ende also nur beschreiben. / Denn sie kann ihn auch nicht begründen. / Sie läßt alles, wie es ist.« (PU 124)

Philosophie als Klärungstätigkeit rechtfertigt danach den gesellschaftlichen Sprachgebrauch in keiner Form, weil sie weiß, dass sie ihn weder verbessern noch begründen kann. Sie reflektiert ihn als Tatsache und durchschaut ihn: »Das alltägliche Sprachspiel *hinzunehmen*« (PU: 529) ist die Konsequenz aus der *Tractatus*-Einsicht, dass die philosophische Tätigkeit keine philosophischen Sätze produziert. Wittgenstein *lehrt*, dass Philosophie keine Lehre ist, die man schwarz auf weiß besitzen kann; er ist antidiskursiv – mit diskursiven Mitteln. Die Radikalität dieser Methode macht ihn zu einem der schwierigsten Philosophen; denn indem solches Philosophieren »nur« eine Methode lehrt, ist Unscheinbarkeit ihr Ideal.

Der Satz

Das Satzsystem

Mit seinem späteren Sprachspieldenken hat Wittgenstein scheinbar die Frage hinter sich gelassen, die den *Tractatus logico-philosophicus*, der sich heute immer mehr als ein philosophisches Jahrhundertwerk erweist, geleitet hatte: »Was ist ein Satz?« (PG: 112) Das philosophische Konzept des Sprachspiels als eines sprachlich-praktischen Handlungszusammenhangs scheint die frühe logisch-linguistische Frage überholt zu haben; nach dem Motto »Worte sind Taten« (VB: 515) geht es jetzt nicht mehr um die »Pfeile«, mit denen Wittgenstein im *Tractatus* die Sätze verglichen hat (T 3.144), sondern sozusagen um ein vierdimensionales Universum aus solchen »Pfeilen«, das einen so alltäglich-praktischen wie unüberschaubaren Zusammenhang, eine jeweils kulturell und geschichtlich spezifische Lebensform bildet. In ihr sind sinnliche Wahrnehmung, Denken, Erkennen, Wissen, Glauben, Sprechen, Handeln usw. miteinander verbunden, sie bedingen sich wechselseitig.

Trotzdem enthalten Sprachspiele auch Sätze, die Verlagerung der Aufmerksamkeit von der Analyse isolierter deskriptiver Sätze zum Gebrauchszusammenhang von Sätzen im alltäglichen sprachlichen Umgang schließt einen Satzbegriff notwendig ein, und selbst die frühe Beschränkung auf den logischen Urteilssatz, die Proposition, hatte Wittgenstein (schon 1913) durchaus reflektiert, wenn es in den *Aufzeichnungen über Logik* heißt: »Urteil, Befehl und Frage stehen allesamt auf derselben Ebene; doch ihnen allen ist die Form des Satzes gemeinsam [...].« (1:207) Zwar hat Wittgenstein einen scheinbar rein quantitativen Sprachbegriff, der aus dem *Tractatus*-Satz »Die Gesamtheit der Sätze ist die Sprache« (T 4.001) zu sprechen schien, schon 1915 transzendiert, als er in den *Tagebüchern*, die die Entstehung des *Tractatus* begleiteten, von der »Satzwelt« (1:149) schrieb; aber doch erst viel später lesen wir Bemerkungen wie: »Der Satz, will ich sagen, hat keinen Sinn außerhalb des Sprachspiels.« Der Satz ist nicht mehr isolierbar, weil er »nicht eine Art *Name* ist« (7:99). Der Versuch, den Satz zu definieren, ist nun fragwürdig geworden: »Das Wort ›Satz‹ bezeichnet noch keinen scharf begrenzten Begriff.« (PG: 113)

Der Satzbegriff wird vieldeutig und gerade darin liegt seine Nützlichkeit: »Denk nur, was alles ›Satz‹ heißt!« (7:264) Damit ist zugleich gesagt, dass es kein »Wesen« des Satzes gibt, nach dem Wittgenstein im *Tractatus* so dringend gesucht hatte. (Vgl. PU 134 ff.) Und deshalb ist es völlig korrekt, die Frage nach dem Satzbegriff mit Satzbeispielen zu beantworten. (PU 135)[29] Sätze gibt es nur im riesigen Zusammenhang der – an Praxis gebundenen – Sprache. Wittgenstein reflektiert jetzt, was er schon im *Tractatus* wusste: »Kein Zeichen, welches allein, selbständig eine Bedeutung hat.« (T 3.261) Einzelne Zeichen lassen sich nur unter den künstlichen Versuchsbedingungen des Logikers oder positivistischen Linguisten isolieren; wer nicht abstrakt »denkt«, sondern »schaut«, begreift: »Die Unbeholfenheit, mit der das Zeichen, wie ein Stummer, durch allerlei suggestive Gebärden sich verständlich zu machen sucht – sie verschwindet, wenn wir erkennen, daß es aufs *System* ankommt, dem das Zeichen angehört.« (Z 228)

Erst im »*System* der Sprache« wird der Satz zum wirklichen Gedanken, zum Gedanken für »uns«. (PG: 153) Dabei gibt der spätere Wittgenstein seine Idee des Satzes als Modell keineswegs auf: »Ich lege nicht den Satz als Maßstab an die Wirklichkeit an, sondern das *System* von Sätzen.« (PB: 110)[30]

Schon 1929/30 hat Wittgenstein jeden logischen Formalismus verlassen: »Ein System ist sozusagen eine Welt.« (PB: 178) Und der ganz späte Wittgenstein sagt: »Aber was ein System ist, dafür habe ich keine Definition.« (7:391)

Die Frage, wie viele Satzarten es gibt, beantwortet Wittgenstein so: »Es gibt *unzählige* solcher Arten: unzählige verschiedene Arten der Verwendung alles dessen, was wir ›Zeichen‹, ›Worte‹, ›Sätze‹, nennen. Und diese Mannigfaltigkeit ist nichts Festes, ein für allemal Gegebenes [...].« (PU 23)

Der späte Wittgenstein hat sich nicht mehr als formaler Logiker verstanden[31]; aber er war ja schon im *Tractatus* Logiker *und* Philosoph, der die formale Logik mit ihren eigenen Mitteln überwunden hat, indem er stringent die Grenze des Sagbaren und des Unaussprechlichen bestimmt hat. Der Satz, der im *Tractatus* als ein »Bild« verstanden wird, das wir uns von der Wirklichkeit machen (T 4.01), wird in der *Philosophischen Grammatik* von 1933/34 ein »Zug eines gegebenen Spiels« (PG: 153) genannt, er ist »eine Spielstellung in einer Sprache« (PG: 172). Der Satz gehört in »das ganze Netz« der Sprache (PG: 149), Sätze sind »Glieder der Sprachen« (PG: 170). Dem späteren Wittgenstein zergeht die Frage nach dem Wesen des Satzes angesichts der Dynamik des unübersehbar vielfältigen Zusammenspiels der Sätze im verbalen wie pragmatischen System der Lebensform.

Das hat Folgen auf der Ebene des Verstehens: »Einen Satz verstehen, heißt, eine Sprache verstehen.« (PG: 131) Nur im Zusammenhang des Gebrauchssystems sind Sätze verstehbar, ähnlich wie die Namen ihre Bedeutung erst im Satzzusammenhang bekommen.

Das zu Beginn dieses Buchs reflektierte Bild von der Sprache als einer alten Stadt (PU 18) lässt sich auch heranziehen, wenn gefragt wird, ob das Satzsystem ein offenes oder geschlossenes System sei: Wie eine Stadt ist das Satzsystem Sprache zu jeder Zeit vollständig *und* erweiterbar.

Das Sagbare und das Unaussprechliche

Geht man vom vielfältigen Sprachspieldenken des späteren und spätesten Wittgenstein zeitlich zurück in die scheinbare logische Enge des frühen Hauptwerks, des zwischen 1913 und 1918 entstandenen und 1921 auf Deutsch, 1922 auf Deutsch und Englisch erschienenen *Tractatus logico-philosophicus*, hat man es zunächst mit einer durchgehenden Beschränkung auf die eine klassisch-logische Sprachfunktion, nämlich die deskriptive des Aussagesatzes, die in der gesamten abendländischen Philosophie hypostasierte Darstellungsfunktion der Sprache, zu tun; und man versteht zunächst nicht, warum Wittgenstein dieses Werk, dem er im Vorwort zu den *Philosophischen Untersuchungen* (von 1945) »schwere Irrtümer« (PU: 232) vorwirft, doch noch einmal zusammen mit den *Philosophischen Untersuchungen* publizieren wollte. Erst die eingehende Beschäftigung mit dem *Tractatus* kann dem Leser zeigen, wie wichtig dieses Frühwerk als Hintergrund von Wittgensteins Spätphilosophie ist und bleibt, wie groß – trotz allem – die Kontinuität des Denkens ist und dass der *Tractatus* als die große Kritik der abendländischen Logik wie als Negation jeder Systemphilosophie zu bedenken bleibt.

Ungeachtet seiner zugespitzt aphoristischen Form liest sich der *Tractatus* zwar über weite Strecken (besonders 4.5–5.5422 und 6–6.1233) zunächst als so strikt logisches Werk, dass der philosophisch interessierte Nicht-Logiker immer wieder scheitert.[32] In keiner späteren Phase hat sich Wittgenstein mehr so stark auf die fachlogische Argumentation eingelassen. Sobald man sich aber davon einschüchtern lässt, droht die viel größere Gefahr, zu vergessen, was – nicht erst in den letzten Sätzen, die nach Wittgenstein »die Hauptsache« (Br: 88) enthalten – deutlich genug ist: dass er die logische Diskussion seiner Zeit (Gottlob Frege, Bertrand Russell, Alfred North Whitehead) aufgenommen hat, um mit logischen Mitteln die Grenzen ebendieser Logik zu sprengen, das heißt, Logik *philosophisch* aufzuheben. Zwar hat Wittgenstein im *Tractatus* noch nicht so klar wie später gesehen, dass *das* Logische, dass alles Logische in der nicht überholbaren Umgangssprache (wenn auch verkleidet, T 4.002) schon enthalten ist, er hat noch nicht geahnt, dass »die Logik sich am Schluß nicht beschreiben« lässt, weil sie in der »Praxis der Sprache« liegt und dort zu *sehen* ist (ÜG 501), aber: diese Erkenntnisse stecken bereits im *Tractatus*, und der Hintergrund zeigt sich heute als der Grund, die Basis, das Fundament dieses philosophischen Lebenswerks.

Erst wenn man sich wiederholt die große Mühe macht, die logische Argumentation des *Tractatus und* ihre philosophische Aufhebung nachzuvollziehen, wird man auch verstehen, weshalb Wittgenstein dieses Werk »streng philosophisch und zugleich literarisch« (Br: 95) genannt hat. Je genauer man auf die geschliffene Sprachform des *Tractatus* achtet, umso klarer erkennt man, dass Wittgenstein bereits ein später formuliertes Ziel erreicht hat: »Philosophie dürfte man eigentlich nur *dichten*.« (VB: 483) Denn die Stringenz der logischen Beweisform bekommt durch die prägnante sprachliche Form, durch die Fülle von Bildern und Vergleichen, durch Variation und Wiederholung, durch das Pathos der entschiedenen Gedankenformulierung eine ästhetische Qualität, die zur wiederholten Lektüre verlockt.

Der *Tractatus* ist nicht weniger als der Versuch, den logischen und philosophischen Zusammenhang von »Welt« und »Satz«, »Wirklichkeit« und »Sprache« klar zu bestimmen, die Logizität der sprachlich ausdrückbaren Wirklichkeit in ihren Grenzen anzugeben und dem Philosophieren einen neuen Sinn zuzuweisen, einen Sinn, der jenseits des Sagbaren liegt: im Schweigen, im Handeln, im Sehen. Es geht um das grundsätzliche Verhältnis von Logik, Naturwissenschaft, Ethik, Ästhetik und Philosophie zueinander.

Diese ungeheure Aufgabe versucht Wittgenstein an der sprachlichen Grundform, dem Satz, zu lösen. »Der Satz« sollte ursprünglich der Titel lauten, und in den vorbereitenden *Tagebüchern* hat Wittgenstein bereits 1915 formuliert: »Meine *ganze* Aufgabe besteht darin, das Wesen des Satzes zu erklären. / Das heißt, das Wesen aller Tatsachen anzugeben, deren Bild der Satz *ist*. / Das Wesen allen Seins angeben. / (Und hier bedeutet Sein nicht existieren – dann wäre es unsinnig.)« (1:129)

Weltbegriff

Der erste Haupt-Satz des *Tractatus* – »Die Welt ist alles, was der Fall ist« – hat gerade wegen seiner vermeintlichen Einfachheit zu ungeheuren Missverständnissen geführt; denn er wurde und wird entweder als positivistisch gefeiert beziehungsweise abgelehnt oder als »ontologisch« bezeichnet. Beides ist falsch. Wittgenstein wollte weder seiner Theorie des Satzes als dem Brennpunkt des Zusammenhangs von Sprache und Welt eine ontologische Basis geben noch hat er auf eine pure Faktizität der Welt hinweisen wollen. Vielmehr gehört bereits dieser Satz zur Strukturphilosophie des ganzen Werks, ja Wittgensteins gesamter Denkbemühung. Es geht nicht um die Existenz der Welt oder ihre metaphysische Essenz; vielmehr will er das *logische* Wesen der Welt, ihre logische Struktur denken.

Mit dem salopp klingenden »was der Fall ist«[33] zielt Wittgenstein nicht auf eine krude physikalische Vorhandenheit von Welt, sondern auf ein Strukturgefüge, auf das raumzeitliche Ereignisgeflecht. Für Wittgenstein besteht die Welt nicht aus isolierten Objekten, sie existiert *als Konfiguration*. Indem er bereits mit der Phrase »was der Fall ist« jede Faktizität strukturalisiert, gibt er eine Wirklichkeitstheorie, die »logisch« in einem neuen Sinne und nicht ontologisch zu nennen ist, weil sie das sogenannte Seinsproblem transzendiert.

Wenn der zweite Satz des *Tractatus* (T 1.1) formuliert: »Die Welt ist die Gesamtheit der Tatsachen, nicht der Dinge«, dann ist zwar zunächst unklar, was »Tatsache« meint, aber der logische Ansatz ist bereits gegeben. Auch lautet der Satz

1.13 nicht: »Die Tatsachen sind die Welt«, sondern: »Die Tatsachen im logischen Raum sind die Welt.« Sobald man versteht, dass »der logische Raum« die erste Metapher des bilderreichen *Tractatus* ist, weiß man, auf welches abstrakte Niveau man sich begeben muss; von Ontologie kann aber nicht die Rede sein.

Satz 2 setzt die Gliederung dessen, »was der Fall ist«, fort: »Was der Fall ist, die Tatsache, ist das Bestehen von Sachverhalten.« Und Satz 2.01 schließt das Gerüst des logischen Weltbegriffs mit der Zuordnung der Dinge bereits ab: »Der Sachverhalt ist eine Verbindung von Gegenständen (Sachen, Dingen).« Damit hat Wittgenstein die Gegenstände mit der Welt im Ganzen, das Einzelne mit der Ereignis- und Beziehungssumme verbunden. Er hat den Sachverhalt als Konfiguration von Gegenständen und die Welt als Konfiguration von Tatsachen logisch-dynamisch bestimmt.

Der Satz 2.06 bringt den Begriff der Wirklichkeit ins Spiel: »Die gesamte Wirklichkeit ist die Welt.« Spätestens hier wird klar, dass Wittgenstein »Welt« als dynamische Struktur, als Wirklichkeit im wörtlichen Sinn versteht, zu der positive *und* negative Tatsachen, das »Bestehen und Nichtbestehen von Sachverhalten« (T 2.06) gehören. Welt als Wirklichkeitskonfiguration ist »das Wechselnde, Unbeständige« (T 2.0271), Raum und Zeit sind nur »Formen«, die die Gegenstände annehmen (T 2.0251). Mit dem Satz 5.6 – »Die Grenzen *meiner Sprache* bedeuten die Grenzen meiner Welt« – beginnt eine »Subjektivierung« des logischen Weltbegriffs, die man weder psychologistisch noch idealistisch missverstehen darf. Die Metapher der Grenze ist strikt logisch, und es ist realistisch, wenn es heißt: »Das denkende, vorstellende Subjekt gibt es nicht.« (T 5.631) Wittgenstein verbindet das Denken direkt mit dem Logischen, und es gilt: »Wir können nichts Unlogisches denken, weil wir sonst unlogisch denken müßten.« (T 3.03) Aus dieser Verbindung folgt, dass das Denkbare auch sagbar ist. Was der Logik widerspricht, lässt sich hingegen nicht »in der Sprache darstellen« (T 3.032).

Die »Grenzen meiner Sprache« sind die Grenzen dessen, was ich denke und also auch sprachlich darstellen kann, und die subjektiv-objektive Schwebe, die Wittgenstein zwischen Logik und Welt herstellt, macht den Satz nachvollziehbar: »Die Logik erfüllt die Welt; die Grenzen der Welt sind auch ihre Grenzen.« (T 5.61) Weil Denken und Sagen als Möglichkeiten zusammengehören, fällt »meine Welt« mit »meiner Sprache« in eins, es gilt: »Die Welt und das Leben sind Eins.« (T 5.621) Und: »Ich bin meine Welt. (Der Mikrokosmos.)« (T 5.63)

Daraus folgt für Wittgenstein nun aber kein Subjektivismus, sondern die ruhige Feststellung, dass das reale Ich in die Philosophie dadurch eintritt, dass »die ›Welt meine Welt ist‹«. (T 5.641) Über meine Sprache, die ich mit anderen teile, teile ich auch meine Welt mit der Welt der anderen, die ebenso wie die meine von Logik erfüllt ist. (T 5.61)

Es gibt von hier aus kein Argument dagegen, die Subjektivierung des logisch-sprachlichen Weltbegriffs auf Satz 1 zu beziehen und zu denken: Meine Welt ist alles, was für mich der Fall ist; unsere Welt ist alles, was für uns der Fall ist.

Gegen die Gefahr des Subjektivismus jedoch setzt Wittgenstein die Aussage: »Die Welt ist unabhängig von meinem Willen.« (T 6.373) Er leugnet einen »*logischen* Zusammenhang zwischen Willen und Welt« (T 6.374), weil für ihn die Erforschung der Logik »die Erforschung aller *Gesetzmäßigkeit*« bedeutet und außerhalb der Logik alles »Zufall« ist (T 6.3). Sinnvolle Sätze können die Welt beschreiben, sie können ausdrücken, *wie* die Welt ist. (T 3.221) Aber mehr können sie nicht, sie können nichts über den Sinn der Welt sagen, denn: »Der Sinn der Welt muß außerhalb ihrer liegen.« (T 6.41) Weil in der Welt alles Zufall ist, kann ihr Sinn nicht in ihr liegen, und er kann nicht durch Sätze ausgesprochen werden. Deshalb kann es für Wittgenstein auch keine normativen Sätze der Ethik geben: »Sätze können nichts Höheres ausdrücken.« (T 6.42) Das Ethische, Gute ist nicht aussprechbar. (T 6.421) Trotzdem wird gerade hier die Zweideutigkeit von Wittgensteins Weltbegriff klar, wenn er formuliert: »Die Welt des Glücklichen ist eine andere Welt als die des Unglücklichen.« (T 6.43) Und beim Tod ändert sich nicht die Welt, sondern sie hört auf. (T 6.431)

Aber Wittgenstein wechselt sofort wieder (T 6.432–6.45) zum scheinbar objektiven Begriff: »Nicht *wie* die Welt ist, ist das Mystische, sondern *daß* sie ist.«

Dass er diese philosophische Position als Realismus begreift und bis zu den letzten Fragmenten *Über Gewißheit* durchhält, hat er im *Tractatus* (T 5.64) nur angedeutet, in den *Tagebüchern* aber klar ausgesprochen.

»Der Weg, den ich gegangen bin, ist der: Der Idealismus scheidet aus der Welt als unik die Menschen aus, der Solipsismus scheidet mich allein aus, und endlich sehe ich, daß auch ich zur übrigen Welt gehöre, auf der einen Seite bleibt also *nichts* übrig, auf der anderen als unik *die Welt.* So führt der Idealismus streng durchdacht zum Realismus.« (1:180)

Logik

Zur näheren Bestimmung des Verhältnisses von Welt und Logik im *Tractatus* ist zu fragen, was Wittgenstein unter der Logik versteht, von der er schon 1912 wusste, dass sie »von völlig anderer Art ist als jede andere Wissenschaft« (Br: 18). Zunächst gibt es auch für Wittgenstein keine Logik ohne Welt, Logik setzt die Existenz der Welt voraus. (T 5.5521) *Dass* die Welt ist und *was* sie ist, geht der Logik voraus und kann weder von ihr noch von irgendeiner Sprache ausgesprochen werden. Was es gibt oder nicht gibt, kann die Logik nicht sagen. (T 5.61) Dagegen steht sie *vor* jeder qualitativen Erfahrung der Welt: »Die Logik ist *vor* jeder Erfahrung – daß etwas *so* ist. Sie ist vor dem Wie, nicht vor dem Was.« (T 5.552) Logische Fragen können nicht »durch Ansehen der Welt« (T 5.551) beantwortet werden. Wittgenstein postuliert eine autonome, eine unabhängige Logik: »Die Logik muß für sich selber sorgen.« (T 5.473) Dass jene Apriorität nicht metaphysisch verstanden werden darf, wird klar, wenn es heißt: »Es gibt keine Ordnung der Dinge a priori.« (T 5.634) Logik als Disziplin wie als Logik der Welt ist rein formal: »Daß die Logik a priori ist, besteht darin, daß nicht unlogisch gedacht werden *kann*.« (T 5.4731) Weil Denken und Sprechen als Sagen-Können zusammengehören, lautet die Konsequenz, wie bereits zitiert: »Wir können nichts Unlogisches denken, weil wir sonst unlogisch denken müßten.« (T 3.03)

Wie »die Welt« und »meine Welt« zusammenhängen, das zeigt sich an der innersten Verbindung von Denkbarkeit und Sagbarkeit: Die Logik im komplexen Sinn ist der Grund dafür, dass »die Grenzen meiner Sprache« »die Grenzen meiner Welt« bedeuten. (T 5.6) In diesem Sinne ist die Logik ein »Spiegelbild der Welt« (T 6.13): Sie ist projizierende und leere, inhaltslose, formale Verdopplung der Welt. Dasselbe meint die Rede von der »Logik der Welt« (T 6.22). Und wieder kommt alles darauf an, weder in den weltrühmenden Idealismus noch in den tradierten Positivismus zu verfallen, wenn sich auch durch Wittgensteins gewagte Formulierung beide aufzudrängen scheinen: »Die Logik erfüllt die Welt; die Grenzen der Welt sind auch ihre Grenzen.« (T 5.61) An der Logik, an dem, was sich denken und sagen lässt, zeigt sich der uralte philosophische Irrtum der Trennung *der* Welt von *meiner* Welt.

Die Metapher der Grenze (im Kontext von T 5.6–5.632) kann verdeutlichen, dass Wittgenstein weder objektivistisch noch subjektivistisch denkt. Die Logik ist keine positive Lehre, sie vermag nicht auszusprechen, was die Welt ist, was sie »im Innersten zusammenhält« (Goethe). Vielmehr ist sie im Nullpunkt angesiedelt, sie ist eine »Nullmethode« (T 6.121): »Die Logik ist transzendental.« (T 6.13) Man erspart sich weite philosophiegeschichtliche Umwege, zum Beispiel über Immanuel Kant, wenn man den Begriff »transzendental« in Verbindung bringt mit dem weithin übersehenen (aber keineswegs geheimen) Schlüsselbegriff des ganzen *Tractatus:* »möglich« beziehungsweise »Möglichkeit«. Wittgenstein verwendet diesen Begriff häufig und vielfältig: »Die Logik handelt von jeder Möglichkeit, und alle Möglichkeiten sind ihre Tatsachen.« (T 2.0121) Sie ist Theorie der Möglichkeit, und wenn Wittgenstein hier, nach den ersten Sätzen über die Welt als »Gesamtheit der Tatsachen«, alle Möglichkeiten als die »Tatsachen« der Logik bezeichnet, dann ist das ein erstes Signal für eine »VÖLLIG andere Art« (Br: 18) nicht nur des Verständnisses von Logik, sondern auch von Philosophie; denn es entzieht dem Tatsachenbegriff jede physikalistische Plattheit.

Thema des *Tractatus* ist die *Möglichkeit* des Denkens und Sprechens, die für ihn unabhängig von Wahrheit ist (T 3.04): »Das Buch will also dem Denken eine Grenze ziehen, oder vielmehr [...] dem Ausdruck der Gedanken.« (Vorwort) Noch bevor man Wittgensteins Bildtheorie und die damit verbundene Satztheorie rezipiert, kann man am Logikbegriff den Kern begreifen: »Jeder mögliche Satz ist rechtmäßig gebildet« (T 5.4733), und: »Ein *mögliches* Zeichen muß auch bezeichnen können. Alles was in der Logik möglich ist, ist auch erlaubt.« (T 5.473) »Möglichkeit« ist für Wittgenstein ein Begriff des Formal-Syntaktischen, der Zeichenbildung nach Regeln. (3:214) Dies drückt er auch so aus: »Die Form ist die Möglichkeit der Struktur.« (T 2.033) Aber was ist »Struktur«? Jahrzehnte vor der Inflation des Strukturbegriffs bis zu seiner heutigen Bedeutungsentleerung vertritt Wittgenstein im *Tractatus* einen »Strukturalismus«, der die ursprüngliche Bedeutung von »Struktur« als »Bauweise« bewahrt und damit ein Bild findet für abstrakte logische Beziehungen. Struktur ist die »Art und Weise, wie die Gegenstände [...] zusammenhängen« (T 2.032). So ist der »Sachverhalt« eine Struktur, und die »Struktur der Tatsache besteht aus den Strukturen der Sachverhalte« (T 2.034). Welt (als die Welt und meine Welt) ist also Struktur aus Strukturen, sie ist eine bestimmte, aber wechselnde Art und Weise, wie die einfachen und festen Gegenstände ein Konfigurationsgefüge bilden.

Vielleicht hat der räumliche Gehalt des Strukturbildes Wittgenstein zur Erfindung des »logischen Raums« geführt, der für das Verständnis des *Tractatus* entscheidend ist. Obwohl er dieses Bild bereits in T 1.13 einführt (ohne es zu erklären), wird deutlich (vgl. T 2.01), dass es sich auch hier nicht um Verdinglichung, sondern um ein reines Denkbild handelt: »Die Einbettung der Welt in einen logischen Raum ermöglicht eine einfache Deutung *logischer Zusammenhänge* als *Strukturzusammenhänge* innerhalb des logischen Raumes.«[34]

Der logische Raum ist also ein gedachter Raum zur Verdeutlichung logischer Bezüge: »Die Tatsachen im logischen Raum sind die Welt.« (T 1.13) Dieser frühe Satz enthält bereits den strukturellen Weltbegriff.

Allgemeine Bildtheorie

Sehr richtig hat ein Wittgenstein-Interpret über den *Tractatus* geschrieben: »Man kann [...] die knapp 100 Seiten [...] dieses Buches an einem Nachmittag lesen und zugleich Jahre darüber grübeln, ohne sie völlig verstanden zu haben.«[35] Diese Feststellung gilt leider auch für den Kern des *Tractatus,* die Bildtheorie des Satzsinnes, ja selbst für den Kern des Kerns: die allgemeine Bildtheorie oder Theorie der Darstellung, jeder Darstellung. Was Wittgenstein »meine Theorie der logischen Abbildung« (1:106) genannt hat, ist zwar aus dem Gesamtzusammenhang nicht herauslösbar, umfasst aber nur die etwa drei Seiten von Satz 2.1 bis Satz 2.2225.[36]

Die allgemeine Bildtheorie, die alle Formen der geistig-praktischen Verarbeitung der Welt, bei ihrer sinnlichen Wahrnehmung angefangen, erklären soll, macht eine philosophische Voraussetzung, die hier nur angedeutet werden kann: Wittgenstein postuliert eine rein formale »Substanz« der Welt, die in ihrer festen Gegenständlichkeit, genauer: Gegenstandsförmigkeit besteht. Weder idealistisch noch vulgärmaterialistisch, setzt Wittgenstein einen streng logischen Begriff des »Gegenstands«, der sozusagen erst in Sachverhalten sichtbar wird. Welt ist Welt der Tatsachen, nicht der »harten« Gegenstände. Wäre die Welt nichts als die Gesamtheit von Objekten, versänken wir in Dinghaftigkeit, es gäbe keine Dinge *für uns*, weil auch einfachste Erkenntnis nur als Gegenüber vorstellbar ist. Bilder jeder Art sind, wie sich zeigen wird, Tatsachen, nicht pure Objekte.

Was ist nun ein Bild im Sinne von Wittgenstein? Obwohl er zu seiner Auffassung von Bild vielleicht durch die Darstellung von Verkehrsunfällen mithilfe von Puppen in Pariser Gerichtssälen angeregt wurde (1:94 f.) und auch von gezeichneten Bildern und mathematischen Projektionen (3:185), ist die Theorie der logischen Abbildung eine universelle Theorie der Darstellung, weil sie jede denkbare Bildform, sei sie mental oder physisch, einschließt: Fotografien, Diagramme, Landkarten, Gemälde, Plastiken, dreidimensionale Modelle, Filme, Partituren, Schallplattenaufzeichnungen, die Sprache selbst, Gedanken, Theorien usw. Die Bildtheorie ist eine Art »realistische« Erkenntnistheorie, allerdings ohne jeden naturalistischen Zug: Als Strukturtheorie hat sie weder mit der naiven Abbildtheorie Demokrits noch mit der vulgärmarxistischen Widerspiegelungstheorie zu tun. Sie ist keine Mimesistheorie. Vor einem kurzen Kommentar, der die wichtigsten Züge dieser Theorie herausstellt, sollen hier zunächst die Kernsätze aneinandergereiht werden (T 2.1–3):

Wir machen uns Bilder der Tatsachen. Das Bild stellt die Sachlage im logischen Raum, das Bestehen und Nichtbestehen von Sachverhalten vor. Das Bild ist ein Modell der Wirklichkeit. Das Bild besteht darin, dass sich seine Elemente in bestimmter Art und Weise zueinander verhalten. Das Bild ist eine Tatsache. Dass sich die Elemente des Bildes in bestimmter Art und Weise zueinander verhalten, stellt vor, dass sich die Sachen so zueinander verhalten. Die Form der Abbildung ist die Möglichkeit, dass sich die Dinge so zueinander verhalten wie die Elemente des Bildes. Das Bild ist *so* mit der Wirklichkeit verknüpft; es reicht bis zu ihr. Es ist wie ein Maßstab an die Wirklichkeit angelegt. Die abbildende Beziehung besteht aus den Zuordnungen der Elemente des Bildes und der Sachen. Die Tatsache muss, um Bild zu sein, etwas mit dem Abgebildeten gemeinsam haben. In Bild und Abgebildetem muss etwas identisch sein, damit das eine überhaupt ein Bild des anderen sein kann. Was das Bild mit der Wirklichkeit gemein haben muss, um sie abbilden zu können, ist seine Form der Abbildung. Das Bild kann jede Wirklichkeit abbilden, deren Form es hat. Das räumliche Bild alles Räumliche, das farbige alles Farbige etc. Seine Form der Abbildung aber kann das Bild nicht abbilden; es weist sie auf. Was jedes Bild, welcher Form immer, mit der Wirklichkeit gemein haben muss, um sie überhaupt – richtig oder falsch – abbilden zu können, ist die logische Form, das ist, die Form der Wirklichkeit. Jedes Bild ist *auch* ein logisches. (Dagegen ist z. B. nicht jedes Bild ein räumliches.) Das Bild bildet die Wirklichkeit ab, indem es eine Möglichkeit des Bestehens und Nichtbestehens von Sachverhalten darstellt. Das Bild stimmt mit der Wirklichkeit überein oder nicht. Das Bild stellt dar, was es darstellt, unabhängig von seiner Wahrheit oder Falschheit, durch die Form der Abbildung. Was das Bild darstellt, ist sein Sinn. Aus dem Bild allein ist nicht zu erkennen, ob es wahr oder falsch ist. Ein a priori wahres Bild gibt es nicht. Das logische Bild der Tatsachen ist der Gedanke.

Folgt man Wittgensteins eigener Gewichtung seiner Sätze durch Dezimalzahlen, dann sind die zentralen Bestimmungen der Bildtheorie die drei Sätze:
»2 Was der Fall ist, die Tatsache, ist das Bestehen von Sachverhalten.«
»2.1 Wir machen uns Bilder der Tatsachen.«
»2.2 Das Bild hat mit dem Abgebildeten die logische Form der Abbildung gemein.«
Was Bilder sind und wie das Verhältnis der Tatsache Bild zur Tatsachen-Welt ist – das ist das Thema. Entscheidend – das übersieht jede positivistische Interpretation – ist der Entwurfscharakter des Bildes: dass es Versuch, Modell, messen-

der (nicht normierender) Maßstab und also menschlich-geschichtliches Faktum ist. Kein Bild kann »objektiv« die Welt darstellen, von jeder Wirklichkeit lassen sich unzählige Bilder machen. Ohne beliebig zu sein, können Bilder nur darstellen, was in Situationen der Fall ist, was also für mich, dich, uns jeweils der Fall ist. Bilder haben Sinn, einen Aussagewert, der – auch das verwischen viele Interpreten, häufig noch während sie es konstatieren – nicht identisch ist mit ihrem Wahrheitswert, mit der Frage, ob das Bild richtig oder unrichtig, wahr oder falsch ist. Diese Trennung von Sinn und Wahrheit(swert), Sinn und Bedeutung (als Referenz, als Denotation) ist für Wittgenstein sogar die Voraussetzung dafür, dass wir uns Bilder machen können. Bild, Modell, Maßstab: Man muss erkennen, dass diese Bilder als Metaphern selbst Abbildungsversuche, Ausdrucksvarianten voneinander sind. Das Schwindelgefühl, das sich beim Lesen des *Tractatus* immer wieder einstellt, hat zwar stilistisch seinen Grund in der kreisenden Schreibform Wittgensteins; aber die Ursache liegt in der Sache selbst, in der Bildhaftigkeit jeder Aussage: »Die Möglichkeit aller Gleichnisse, der ganzen Bildhaftigkeit unserer Ausdrucksweise ruht in der Logik der Abbildung.« (T 4.015) In der Logik der Abbildung, und nur in ihr, liegt die Logik der Welt, nicht in kosmischer Harmonie. Menschliche Bildproduktion ist für Wittgenstein die Herstellung einer strukturellen Korrespondenz zwischen der Wirklichkeit und Elementen, den Bildelementen, die selbst der Wirklichkeit angehören. Bei der Herstellung welcher Art von Bild auch immer verwenden wir also Teile der Welt, um die Welt darzustellen, zu repräsentieren. (Da ein Bild grundsätzlich strukturell ist, sind realistische oder mimetische Bilder nur Sonderformen der strukturellen Abbildung.)

Aus den obigen Kernsätzen lassen sich drei Merkmale jeder Art von Abbildung herausstellen:

1. Jedes Bild hat eine Struktur, die darin besteht, dass sich die Elemente des Bildes, die die Gegenstände der Wirklichkeit vertreten (T 2.131), »in bestimmter Art und Weise zu einan-

der verhalten« (T 2.14). Die keinesfalls zufällige Anordnung der Bildelemente »stellt vor«, dass sich auch die Sachen so zueinander verhalten, dass also die Bildstruktur der Sachenstruktur korrespondiert. Ein einfaches Beispiel wäre eine Landkarte, auf der etwa die Städte in maßstäblich-struktureller Beziehung zueinander stehen, die ihrer realen Entfernung voneinander entspricht.

2. Jedes Bild steht in einer »abbildenden Beziehung« zur Wirklichkeit. Sie besteht darin, dass wir, indem wir ein Bild herstellen (oder einen Gegenstand zum Bild erklären, beispielsweise eine Kugel zum Modell der Erde), die Elemente des Bildes, die die Bildstruktur ausmachen, den Sachen zuordnen. Sobald man versteht, dass die Menschen zugleich mit der Herstellung des Bildes seine Verbindung zur Wirklichkeit mitproduzieren, verliert die Metapher alles Okkulte, die Wittgenstein gebraucht, wenn er die Zuordnungen »gleichsam die Fühler der Bildelemente« nennt, »mit denen das Bild die Wirklichkeit berührt« (T 2.1515). Im Begriff der abbildenden Beziehung steckt insgeheim schon die Gebrauchstheorie der Bedeutung; denn das Bild wird zum Bild erst durch seine Zuordnung, seine Verwendungsweise. Es gibt kein Bild an sich. Die fantasievolle Verwendung von Gegenständen durch Kinder als Spielzeug kann das verdeutlichen. Wittgenstein schreibt: »Daß dieses Tintenfaß auf dem Tisch steht, kann ausdrücken, daß ich auf diesem Stuhl sitze.« (1:193) Dies zeigt die radikale Semiotizität von Wittgensteins Denken.

3. Das dritte Merkmal des Bildes gibt die Bedingung an, unter der etwas Bild werden kann: die Form der Abbildung. Die Form der Abbildung ist das, was Bild und Abgebildetes gemeinsam haben müssen. Wahr oder falsch, das Bild kann nur *die* Wirklichkeit abbilden, deren Form es hat: »Das räumliche alles Räumliche, das farbige alles Farbige etc.« (T 2.171) Es muss also eine kategoriale Formgemeinsamkeit des Bildes mit der Wirklichkeit geben. Bei der Abbildungsform gibt es ein »Minimum«[37]: Die sogenannte »logische Form« ist die

minimale Entsprechung von Bild und Wirklichkeit. »Jedes Bild ist *auch* ein logisches. (Dagegen ist z. B. nicht jedes Bild ein räumliches.«) (T 2.182) Logizität – in einer ganz spezifischen Bedeutung – ist also der Keim, der Kern, die Bedingung der Möglichkeit des Bildes.[38]

Die Folgerung, die Wittgenstein nun zieht, ist zwingend: Wenn die Form der Abbildung die logische, nur die logische ist, dann ist das Bild ein logisches Bild, und auch für dieses rein logische Bild (das er in Satz 3 als den »Gedanken« bezeichnet) muss nun gelten, dass es die Welt abbilden *kann*. Die logische Form der Abbildung ist also die Möglichkeitsbedingung des Bildes, genauer: im Bild verschränken sich Wirklichkeit und Möglichkeit. Die Bildtheorie zieht die Konsequenzen daraus, dass wir keinen direkten Zugang zur Wirklichkeit haben. Aus der nun etablierten Logizität oder Formlogik des Bildes ergibt sich der Möglichkeitscharakter jedes Bildes, was einfach heißt: Ein Bild hat »Sinn« (T 2.221), ist eine Projektion, es konstituiert einen Ort im logischen Raum (T 2.202, vgl. T 3.42), unabhängig von der Frage, ob es wahr oder falsch ist. Und auch hier ist Wittgenstein bereits Handlungstheoretiker, wenn er – quasi post festum – den Vergleich des Bildes mit der Wirklichkeit fordert, um seinen Wahrheitsgehalt feststellen zu können, und die Existenz eines a priori wahren Bildes leugnet. (T 2.223 und 2.225)

Das Bild kann sozusagen aus seiner räumlichen oder auch nur logischen Abbildungsform nicht heraus, es kann sie selbst nicht metaförmig abbilden, es kann nicht darstellend ausdrücken, woraus es selbst gemacht ist. Aber das *zeigt* sich an ihm selbst: »Seine Form der Abbildung [...] kann das Bild nicht abbilden; es weist sie auf.« (T 2.172, vgl. T 2.174) Diese Zeige-Theorie, die unter anderem die Ablehnung jeder Metasprache impliziert, hat Wittgenstein bis in die letzten Aufzeichnungen *(Über Gewißheit)* bewahrt und weiterentwickelt zur Theorie des »So« (vgl. das Kapitel »Die Sprache« in diesem Buch).

Die Allgemeingültigkeit der Bildtheorie, ihr Charakter einer philosophischen Semiotik oder Theorie jeder menschlichen Zeichensprache wird von vielen Interpreten (zugunsten der auf ihr aufgebauten Bildtheorie des Satzes und damit der Laut- und Schriftsprache) übersehen. Dass dies Wittgensteins Anspruch keineswegs gerecht wird, soll ein Beispiel zeigen, das er mit dem Satz 4.014 bringt:

»Die Grammophonplatte, der musikalische Gedanke, die Notenschrift, die Schallwellen, stehen alle in jener abbildenden internen Beziehung zueinander, die zwischen Sprache und Welt besteht. / Ihnen allen ist der logische Bau gemeinsam. (Wie im Märchen die zwei Jünglinge, ihre zwei Pferde und ihre Lilien. Sie sind alle in gewissem Sinne Eins.)«

Die Logik der Abbildung ist für Wittgenstein die Basis für »die innere Ähnlichkeit [...] scheinbar so ganz verschiedener Gebilde« (T 4.0141), und den Vergleich mit dem Symbolismus im Märchen darf man als eine der vielen Poetisierungen von Wittgenstein auffassen, der als logisch-ästhetischer Denker alle systemphilosophischen und logischen Staubfresser bereits hinter sich gelassen hatte, bevor sie ihn missverstehen konnten.

Wittgensteins Bildtheorie ist eine Theorie der Darstellung, nicht der Vorstellung, und sie ist konventionalistisch, weil Darstellung eine gemeinsame menschliche Praxis ist. Das widerspricht nicht dem Satz »Ich bin meine Welt« (T 5.63); denn zu meiner Welt gehören die anderen Menschen dazu.[39] Die von Menschen hergestellten Bilder sind Tatsachen im Gemenge der Tatsachen ihrer Welt oder Welten, vielleicht könnte man sogar sagen: sie vermehren Welt. Der französische Philosoph Jean-François Lyotard hat die Strukturähnlichkeit von Welt und Sprache so kurz wie erhellend ausgedrückt: »Die Reflexion des *Tractatus* über das Wesen der logischen Sprache beruht auf einer im Grunde klassischen Metapher. Die Sprache gleicht einem Bild der Welt, die Welt bildet sich in ihr ab (aber die Bilder der Welt, die die Sätze sind, sind ihrerseits Ereignisse, und die Sprache ist ein Teil der Welt). Es gibt also einen ›Spiegel‹, die sprachlichen und die Elemente, aus denen die Wirklichkeit besteht, sind nach einer analogen Struktur organisiert.«[40]

Der Gedanke

Wie die Haupt-Sätze des *Tractatus* zeigen, stellt sich der thematische Fortgang des Werkes folgendermaßen dar: Welt – Bild – Gedanke – Satz – Wahrheitsfunktion – Schweigen. Der Gedanke vermittelt im strengen Sinn das Bild mit dem Satz: »Das logische Bild der Tatsachen ist der Gedanke« (T 3), und: »Der Gedanke ist der sinnvolle Satz« (T 4). Für Wittgenstein ist der Gedanke ein objektives, jedoch abstraktes Gebilde, kein mentales. Gedanken sind keine Vorstellungen, sondern – weil sie logische Bilder sind – Darstellungen. Man kann Gedanken logische Bilder nennen, deren »Form der Abbildung *überhaupt nur* aus ihrer logischen Struktur besteht«[41]. Wittgenstein konnte und wollte die »Bestandteile des Gedankens nicht angeben« (Br: 89). Aber es ist nicht sicher, dass er sich der neuartigen semiotischen Qualität seines Begriffs ganz bewusst war; denn durch die dann dominierende Konzentration auf den Satz als den »Ausdruck« des Gedankens geht leicht verloren, dass *jedes* logische Bild ein Gedanke ist. Da aber zum Beispiel ein räumliches Bild *auch* logisch ist, kann sich der Gedanke »sinnlich wahrnehmbar« nicht nur im sprachlichen Satz ausdrücken, wie 3.1 formuliert: Auch in Bildern jeder anderen Art, in Gemälden, Plastiken, Filmen etc., materialisieren sich Gedanken. »Gedanke« hat also beim frühen Wittgenstein eine universelle Bedeutung, und der späte Wittgenstein hat zwar mit dem Sprachspieldenken seine Beschränkung auf die bloße Darstellungsfunktion der Sprache mit Recht aufgehoben; aber noch die berechtigte Ironisierung geht sozusagen vorbei am abstrakt-universellen Gedankenbegriff, wenn Wittgenstein fragt: »Welchen Gedanken drückt […] z. B. der Satz ›Es regnet‹ aus?« (PU 501)

Für den Gedanken gilt wie für jedes Bild, dass er nur »die Möglichkeit der Sachlage« (T 3.02), die er denkt, enthält, also nicht a priori wahr ist. Möglichkeit und Wahrheit fallen nicht zusammen. (T 3.04) Für Wittgensteins Auffassung von Logik als der Theorie der Möglichkeit gehen Denkbarkeit und Möglichkeit zusammen. Die Logik ist im wörtlichen Sinn syn-taktisch, sie ist, könnte man sagen, das Leben der Zeichen, aller vom Menschen produzierten Zeichen. Und deshalb bedeutet die Logik »die Erforschung *aller Gesetzmäßigkeit*« (T 6.3), und »nur *gesetzmäßige* Zusammenhänge sind *denkbar*« (T 6.361).

Vorwegnehmend ist hier trotzdem anzudeuten, dass die Sätze der Logik keine Gedanken sein können, weil sie Tautologien oder Kontradiktionen sind, die nichts sagen, weil sie nichts abbilden. Die logischen Sätze haben »eine einzigartige Stellung unter allen Sätzen« (T 6.112), sie sind gerade deshalb sinnlos (wenn auch nicht unsinnig), weil sie immer und sofort erkennbar wahr beziehungsweise falsch sind, sie nehmen sozusagen den Nullpunkt allen Sprechens ein, sie sind kein Bild der Wirklichkeit, sondern leeres »Spiegelbild der Welt« (T 6.13).

Der Satz als Bild

Der Gedanke als logisches Bild der Tatsachen drückt sich im »sinnvollen Satz« »sinnlich wahrnehmbar aus« (T 4, 3.1). Mithilfe des lautlichen oder schriftlichen »Satzzeichens« drücken wir den Gedanken aus. Die sinnlich wahrnehmbaren Zeichen verwenden wir als Projektionsmittel. (T 3.11) Der Satz als Satzzeichen ist wie ein »Pfeil« (T 3.144), er steht in »projektiver Beziehung zur Welt« (T 3.12). »Der Satz ist ein Bild der Wirklichkeit. / Der Satz ist ein Modell der Wirklichkeit, so wie wir sie uns denken.« (T 4.01) Man erkennt hier sofort die enge Verzahnung mit den Bestimmungen der allgemeinen Bildtheorie: Wie das Bild ist der Satz ein menschliches Produkt, er ist Entwurf, Darstellungsversuch, er ist nie a priori wahr, er ist eine Tatsache, er konstituiert Sinn als Möglichkeit einer Existenz, er hat Struktur.

Zu beachten ist, dass Wittgenstein sich zwar auf den klassisch-logischen Satz bezieht und den alltagssprachlichen Satz einbezieht, dass aber sein Satzbegriff – wie der des Bildes – eine abstraktere und zugleich viel weitere Bedeutung hat: eine semiotische, allgemein zeichentheoretische. Das wurde in den ersten Rezeptionsphasen nicht gesehen, vor allem vom Wiener Kreis nicht. Später konzentrierte man sich zu sehr auf den linguistischen Begriff der Proposition.

Die Struktur des Satzes, das Satzzeichen, besteht darin, dass »sich seine Elemente, die Wörter, in ihm auf bestimmte Art und Weise zueinander verhalten« (T 3.14). Im Unterschied zum »Wörtergemisch« bedeutet »Satzstruktur«, dass der sinnvolle Satz artikuliert ist. (T 3.141) Die Wörter dagegen sind wie »Punkte« (T 3.144), sie entsprechen den Gegenständen, sie sind für Wittgenstein nur dann artikuliert und Bild-Tatsachen, wenn sie, wie lateinisch »ambulo«, einen ganzen Satz bilden (T 4.032). Erst das Zueinander von Wörtern ergibt Sinn, wie erst die Konfiguration von Gegenständen einen Sachverhalt ergibt. Die Artikuliertheit des Satzzeichens ist die Voraussetzung seines Bildcharakters: »Nur insoweit ist der Satz ein Bild der Sachlage, als er logisch gegliedert ist.« (T 4.032) Logizität *ist* für Wittgenstein Gegliedertheit, und erneut wird klar, dass hier nicht von mimetisch-ikonischer Bildhaftigkeit die Rede ist, sondern von interner Ähnlichkeit: Der Satz bildet die Wirklichkeit logisch-strukturell ab, er ist ein Beschreibungsversuch. »Ein Satz kann zwar ein unvollständiges Bild einer gewissen Sachlage sein, aber er ist immer *ein* vollständiges Bild.« (T 5.156)

Wie das Bild generell hat auch der Satz Sinn, weil er eine Möglichkeit konstituiert. Erst sein Vergleich mit der Wirklichkeit kann zeigen, ob er wahr oder falsch ist. Wie das Bild »eine mögliche Sachlage im logischen Raum« (T 2.202) darstellt, so bestimmt jeder sinnvolle Satz »einen Ort im logischen Raum. Die Existenz dieses logischen Ortes ist durch die Existenz der Bestandteile allein verbürgt, durch die Existenz des sinnvollen Satzes.« (T 3.4) Der sinnvolle Satz als Bild »durchgreift den ganzen logischen Raum«. (T 3.42) Mit diesen Metaphern verdeutlicht Wittgenstein wieder das semiotische Faktum, dass isolierte Zeichen (einzelne Wörter oder »Namen«) nichts bedeuten: »Die Gesamtheit der Sätze ist die Sprache.« (T 4.001) Um das Bild-Wesen des sinnvollen Satzes zu verdeutlichen, verweist er auf die »Hieroglyphenschrift, welche die Tatsachen, die sie beschreibt, abbildet. / Und aus ihr wurde die Buchstabenschrift, ohne das Wesentliche der Abbildung zu verlieren.« (T 4.016) Um nicht in das übliche mimetische Missverständnis der Satz-Bild-Theorie zurückzufallen, muss man den Ausdruck »das Wesentliche« unterstreichen und den Satz vorher mitbedenken: »Die Möglichkeit aller Gleichnisse, der ganzen Bildhaftigkeit unserer Ausdrucksweise, ruht in der Logik der Abbildung.« (T 4.015)

Einen Beweis für die Bildartigkeit des sinnvollen Satzes sieht Wittgenstein darin, dass wir ohne Erklärung den Sinn von Sätzen verstehen, wenn wir die Bedeutung der Wörter gelernt haben. (T 4.02) Der Satz ist ein Bild, *weil* ich »die von ihm dargestellte Sachlage« kenne, »ohne daß mir sein Sinn erklärt wurde« (T 4.021). Daraus, dass ein Satz ein logisch-strukturelles Bild ist, folgt: »Der Satz *zeigt* seinen Sinn. / Der Satz *zeigt*, wie es sich verhält, *wenn* er wahr ist. Und er *sagt*, *daß* es sich so verhält.« (T 4.022) Der sinnvolle Satz zeigt also etwas, indem er eine Aussage macht, als Bild »beschreibt« er einen Sachverhalt, er beschreibt die Wirklichkeit nach ihren logischen, »internen Eigenschaften«. Als strukturiertes Bild der Welt ist er eine Modellwelt, ja ein Weltmodell, er »konstruiert eine Welt mit Hilfe eines logischen Gerüstes« (T 4.023). Insofern der Satz Sinn hat, ist er ein Versuch: »Im Satz wird gleichsam eine Sachlage probeweise zusammengestellt.« (T 4.031) Jeder bestimmte Sinn stellt eine bestimmte Sachlage dar. Das Prinzip der konstruktiven Abbildung ist die logisch-strukturelle Vertretung, die nichts mit klassischer Repräsentation zu tun hat. Wie beim Bild die Bildelemente als Struktur die Gegenstände der Welt »vertreten« (T 2.131), so beruht die Möglichkeit des Satz-Bildes »auf dem Prinzip der Vertretung von Gegenständen durch Zeichen« (T 4.0312). Die Wörter vertreten Gegenstände, erzeugen aber erst in der Konfiguration zum Satzzeichen einen Bild-Sinn, analog zur räumlichen Anordnung von Gegenständen (zum Beispiel »Tischen, Stühlen, Büchern«), um durch »die gegenseitige räumliche Lage dieser Dinge« einen Sinn auszudrücken. (T 3.1431)

Aus der Trennung von Sinn und Wahrheit folgt weiter, dass wir einen Satz verstehen, »ohne zu wissen, ob er wahr ist« (T 4.024). Wittgenstein formuliert eine sprachphilosophische Grundeinsicht von Wilhelm von Humboldt, allerdings auf der Basis des logischen Bild-Sinnes von Sätzen, nicht des produktiven menschlichen Geistes: »Es liegt im Wesen des Satzes, daß er uns einen *neuen* Sinn mitteilen kann«, und zwar »mit alten Ausdrücken« (T 4.027, 4.03).

Zwischen 4.3 und 6.1223 entwickelt er neben den Konzepten des »Elementarsatzes« und der »allgemeinen Satzform«[42] seine äußerst komplizierte Theorie der Wahrheitsfunktionen (mit der These der Universalität dieser Funktionen).[43] Für diese Theorie ist Wittgenstein auch heute noch unter Logikern berühmt, während ihr philosophischer Gehalt eher gering ist, oder besser: der entscheidende philosophische Gehalt ist die Trennung von Sinn und Wahrheit, was die Destruktion jedes metaphysischen Wahrheitsbegriffs einschließt. (T 5.44) In dieser Hinsicht sagen die trockenen Sätze 4.05 und 4.06 schon vor der Darstellung der Theorie der Wahrheitsfunktionen alles in nuce: »Die Wirklichkeit wird mit dem Satz verglichen. / Nur dadurch kann der Satz wahr oder falsch sein, indem er ein Bild der Wirklichkeit ist.«

Der sinnvolle Satz ist für Wittgenstein noch in einer zweiten, für die Logik jeder Zeichensprache wichtigen Hinsicht Bild: Der sinnvolle Satz ist *auch* Spiegelbild seiner eigenen Form.

Nennt man die Satz-Bild-Theorie eine Theorie des externen Zeigens (hier z 1 genannt), so ist zusätzlich von einer Theorie des internen Zeigens (oder z 2) zu sprechen. An dieser Stelle sei an die allgemeine Bildtheorie erinnert, wo es heißt, ein Bild könne seine Form der Abbildung, zum Beispiel dass es ein räumliches Bild ist, nicht abbilden, »es weist sie auf«. (T 2.172) Dieses Aufweisen ist das interne Zeigen oder Erscheinen der Logizität. Und Wittgenstein formuliert das jetzt für den sinnvollen Satz mit der These, er könne zwar »die gesamte Wirklichkeit darstellen«, nicht aber »das, was er mit der Wirklichkeit gemein haben muß, um sie darstellen zu können – die logische Form« (T 4.12). Um das zu leisten, müssten wir die – unsere Welt begrenzende – Logik überschreiten können. Die Folgerung daraus ist für Wittgenstein klar:

»Der Satz kann die logische Form nicht darstellen, sie spiegelt sich in ihm.

Was sich in der Sprache spiegelt, kann sie nicht darstellen.

Was *sich* in der Sprache ausdrückt, können *wir* nicht durch sie ausdrücken.

Der Satz *zeigt* die logische Form der Wirklichkeit.

Er weist sie auf.« (T 4.121)

Und Wittgenstein verschärft die Trennung von sagendem Zeigen (z 1) und spiegelndem Zeigen (z 2) noch, indem er erklärt: »Was gezeigt werden *kann*, *kann* nicht gesagt werden.« (T 4.1212) Das Sich-Zeigen der internen logischen Eigenschaften (z 2) an und »in den Sätzen« (T 4.122), die die Wirklichkeit abbilden, nennt Wittgenstein auch einen »Zug« im Sinne von »Gesichtszügen« (T 4.1221).

Insofern sich beim sinnvollen Satz Sagen und Zeigen wechselweise ergänzen, könnte man von einer Doppelnatur des sinnvollen Satzes sprechen, allerdings nicht summativ: Der Zusammenhang beider Formen der Bildhaftigkeit liegt in ihrer Differenz; das Sich-Zeigen (z 2) der logischen Form am sinnvollen Satz selbst bedeutet, so ein Interpret, dass »die Sprache die (logischen) Bedingungen ihres Sinnes und

Verständnisses selbst enthält, sehen läßt und zu verstehen gibt. [...] Im Verstehen eines (sinnvollen) Satzes wird also nicht nur ein Darstellungssinn verstanden – und zwar am Verstehen dessen, was er zeigt, indem er etwas sagt –, sondern darin zugleich, daß der Satz eine sinnvolle [...] Aussage über die Wirklichkeit ist, und damit in einer notwendigen Korrelation zur Wirklichkeit (Welt) steht.«[44]

Der logische Satz

Aus der allgemeinen Bildtheorie mit ihrer Bestimmung der notwendigen Logizität der uns bildlich wie sprachlich zugänglichen Welt und aus der doppelten Bildbestimmung des sinnvollen Satzes folgt Wittgensteins Auffassung des logischen Satzes als eines sinnlosen (wenn auch nicht unsinnigen) Satzes. Anlässlich der Diskussion der Wahrheitsbedingungen des Satzes (der als komplexer Satz zerlegbar ist in die hypothetischen »Elementarsätze«, vgl. T 4.21 ff.) führt Wittgenstein die »zwei extremen Fälle« (T 4.46), die Tautologie und die Kontradiktion, ein: Die Tautologie ist bedingungslos wahr, die Kontradiktion bedingungslos falsch. »Der Satz zeigt, was er sagt, die Tautologie und die Kontradiktion, daß sie nichts sagen.« (T 4.461) Da Sagen und Abbilden für Wittgenstein identisch sind, können die beiden »Grenzfälle der Zeichenverbindung« (T 4.466) keine Bilder der Wirklichkeit sein, sie »stellen keine mögliche Sachlage dar«: »In der Tautologie heben die Bedingungen der Übereinstimmung mit der Welt – die darstellenden Beziehungen – einander auf.« (T 4.462) Tautologie und Kontradiktion sind keine legitime »Zeichenverbindung« mehr, sondern deren »Auflösung« (T 4.466). Sie gehören aber zum »Symbolismus« der Logik wie die Null zu dem der Arithmetik. (T 4.4611) Der sinnvolle Satz nimmt genau die Mitte ein: »Die Wahrheit der Tautologie ist gewiß, des Satzes möglich, der Kontradiktion unmöglich.« (T 4.464)

Die radikale Schlussfolgerung zieht Wittgenstein erst in 6.1:

»Die Sätze der Logik sind Tautologien. / Die Sätze der Logik sagen also Nichts. (Sie sind die analytischen Sätze.)« Und genau dies gibt ihnen ihre »einzigartige Stellung unter allen Sätzen« (T 6.112): Sie »demonstrieren die logischen Eigenschaften der Sätze« (T 6.121), verbürgen also in Form einer Nullmethode, als Katalysatoren, die Logizität, das heißt die logisch-strukturelle Korrespondenz von Sprache und Welt. Wieder ist es nicht ontologisch, sondern erkenntnistheoretisch zu verstehen, wenn es in 6.12 heißt: »Daß die Sätze der Logik Tautologien sind, das *zeigt* die formalen – logischen – Eigenschaften der Sprache, der Welt.«

Das interne Zeigen (z 2) verbindet die logischen Sätze mit den sinnvollen, die ja darüber hinaus noch Bilder der Wirklichkeit (z 1) sind. Die logischen Sätze zeigen nur ihre »Form der Abbildung« (T 2.172, 4.12), sie spiegeln nur sich selbst, sind Spiegelbilder, sie sind nur »das Gerüst der Welt« (T 6.124).

Satz 6.124 zieht die entscheidende *philosophische* Konsequenz, indem Wittgenstein in der Existenz der logischen Sätze den Beweis für die Bildtheorie erkennt: In der Logik drückt sich notwendig und kategorial die Bildhaftigkeit jedes denkbaren »Zeichens«[45] aus. Das bedeutet: »Wenn wir die logische Syntax irgendeiner Zeichensprache kennen, dann sind bereits alle Sätze der Logik gegeben.« Dass die Logik »keine Lehre, sondern ein Spiegelbild der Welt« ist, liegt in der Strukturentsprechung von Logik und Welt. Der Begriff des »Spiegelbildes« hat also die Bedeutung eines leeren, inhaltslosen Bildes, und es gilt: »Die Logik ist transzendental.« (T 6.13)

Die Grenzen der Sprache

Für den Wittgenstein des *Tractatus* gibt es folgende Formen, in denen Sprache erscheinen kann:
1. Unartikulierte Sprache unterhalb der Satzebene ist das »Wörtergemisch« (T 3.141).

2. Umgangssprachliche Sätze sind sinnvoll; sie können wahr oder falsch sein.
3. Naturwissenschaftliche Sätze sind wahre Sätze.
4. Logische Sätze sind sinnlos, aber nicht unsinnig.
5. Metaphysische Sätze sind unsinnig; sie sind weder wahr noch falsch.

In der Umgangssprache erscheint die Logik der Gedanken zwar oft »verkleidet« (T 4.002); trotzdem sind sie »logisch vollkommen geordnet« (T 5.5563), was zu zeigen die Aufgabe der philosophischen Sprachkritik ist. Sinnvolle Sätze, alltagssprachliche wie wissenschaftliche, können die Welt beschreiben, allerdings nur in ihrem *Wie,* in ihrer Struktur. Die Sprache kann die Welt nicht direkt aussprechen, sie kann das *Was* der Welt nicht sagen. (T 3.221)

Das Zusammenfallen des Denkbaren mit dem Sagbaren, des Gedankens mit der Sprache, wie es sich aus der Bildtheorie ergibt, hat in Verbindung mit dem Weltbegriff zwei ungeheure Konsequenzen:

1. »*Die Grenzen meiner Sprache* bedeuten die Grenzen meiner Welt.« (T 5.6) Dieser Satz ist jenseits jeder individuellen Sprachkompetenz zu verstehen, er betrifft die grundsätzliche Grenze von Denken und Sagen. Wittgenstein zieht, wie er im Vorwort sagt, »dem Ausdruck der Gedanken« eine Grenze. Und sie wird bestimmt von der/jeder Sprach-Logik selbst; deshalb ist 5.61 »negativ« und nicht spekulativ zu verstehen: »Die Logik erfüllt die Welt; die Grenzen der Welt sind auch ihre Grenzen.« Wir können logisch grundsätzlich nicht »über die Grenzen der Welt hinaus«.

2. Vom Sinn der Sätze führt kein Weg zur Frage des Sinns der Welt (T 6.41); denn dass alle sinnvollen Sätze »gleichwertig« (T 6.4) sind, *in* der Welt aber nach Wittgenstein kein Wert und Sinn ist – »denn alles Geschehen [...] ist zufällig« (T 6.41) –, bedeutet, dass der Sinn der Welt nur »außerhalb ihrer« liegen kann, und das heißt: nicht sagbar und nicht denkbar ist. Indem Wittgenstein einen Sinn der Welt nicht *in* ihr sieht, denkt er keineswegs nihilistisch, hält

aber daran fest, dass Sätze grundsätzlich nichts »Höheres« ausdrücken können. (T 6.42) Das Höhere kann für ihn nicht im sprachlich beschreibbaren *Wie* der Welt liegen, es kann nur ihr unaussprechliches *Dass* sein. (T 6.432 ff.) Erst hier, ganz am Ende des *Tractatus*, wird deutlich, dass das »Wesen des Satzes« zwar identisch ist mit dem logischen, formalen »Wesen der Welt« (T 5.4711), dass aber der Sinn der Welt jenseits davon liegt, ja *»außerhalb* von Raum und Zeit« (T 6.4312).

Unsinn

Wie bereits erläutert, ist Philosophie für Wittgenstein »Sprachkritik« im Sinne der Herausarbeitung der Logik der Sprache und damit zugleich Klärung der Gedanken. Er *lehrt,* dass Philosophie keine Lehre ist, sondern solche sprachkritische Tätigkeit, deren Ergebnis nicht ›»philosophische Sätze‹, sondern das Klarwerden von Sätzen« (T 4.112) ist. Wittgenstein geht davon aus, dass »die meisten Sätze und Fragen, welche über philosophische Dinge« geschrieben wurden, weder wahr noch falsch, sondern »unsinnig« seien, weil sie den Charakter der Frage, »ob das Gute mehr oder weniger identisch sei als das Schöne« (T 4.003), hätten. Unsinnige Sätze sind das Resultat des aussichtslosen Versuchs, die logische Form, die sich nur zeigen kann (z 2), doch wieder darzustellen (z 1). (T 4.12) Die ganze Philosophie ist, so Wittgenstein, voller Verwechslungen (T 3.324), Philosophen verwechseln formale Begriffe wie »Gegenstand«, »Tatsache«, »Funktion«, »Zahl« usw. mit »eigentlichen« Begriffen (wie »Tisch«, »Apfel«, »Wolken«). Sie bilden unsinnige Sätze, die zwar artikuliert sind, aber weder sinnvoll noch sinnlos (wie die logischen Sätze), weder wahr noch falsch. (T 4.1272) Beispiele sind: »Es gibt Gegenstände«; »Es gibt 100 Gegenstände«; »1 ist eine Zahl«. Unsinnige Sätze sind Scheinsätze, weil sie das abbildende Prinzip des sinnvollen Satzes (zum Beispiel: »Auf dem Tisch liegen 100 Gegenstände«) übertragen auf das, was sich nur – in Satzstrukturen – zeigen kann: die logische Form.[46]

Die logische Struktur der Welt zeigt sich (z 2); der Satz »Auf dem Tisch liegen ein Apfel und eine Birne« zeigt, dass von zwei Gegenständen die Rede ist. Unsinnig ist der Satz »Es gibt zwei Gegenstände«; denn was dieser Scheinsatz ausdrücken möchte, »zeigt sich in der Sprache durch das Vorhandensein von n Eigenschaften mit verschiedener Bedeutung« (1:109). Scheinsätze sind nicht wahrheitsfähig; ob es zwei oder n Gegenstände gibt, kann nicht überprüft werden, weil wir dem Zeichen »Gegenstand« »keine *Bedeutung* gegeben haben. (Wenn wir auch glauben, es getan zu haben.)« (T 5.4733) Weil sich alles Strukturelle an der Satzform selbst zeigt (z 2), kann nicht – metasprachlich – über Strukturen gesprochen werden. *Über* Sprache und Welt können wir nicht *sinnvoll* sprechen, weil wir nicht metatheoretisch aus ebendieser rein formal-strukturellen Sprache-Welt-Identität herauskönnen in die Distanz eines Außerhalb unserer sprachlich verfassten Welt und welthaft verfassten Sprache. Genau dies meint Wittgensteins Satz, dass die Logik transzendental sei. (T 6.13)

Aus der Unsinnsproblematik zieht nun Wittgenstein in den viel zitierten und selten verstandenen Sätzen 6.53 und 6.54 die ungeheure Folgerung der Selbstaufhebung seiner eigenen eben doch auch philosophischen Sätze, er betreibt eine »reductio ad absurdum«, indem er sich gezwungen sieht, sie, vom ersten Satz des *Tractatus* an, für »unsinnig« zu erklären. Auch er selbst hat beispielsweise den formalen Begriff »Tatsache« in Satz 1.1 wie einen eigentlichen Begriff verwendet, wenn er den sinnvollen Satz zu bilden versucht: »Die Welt ist die Gesamtheit der Tatsachen, nicht der Dinge.« Und dies gilt nun für den philosophischen Gehalt des ganzen *Tractatus*, in dem es ja von formalen Begriffen wimmelt.

Doch die »reductio ad absurdum« ist keine Selbstkritik, keine Verwerfung des *Tractatus* insgesamt, sondern der Schlussstein, der sich aus der Logik der Argumentation als nötig erweist. Weil die Philosophie nur in Erläuterungen bestehen *kann,* sind philosophische Sätze als möglicherweise sinnvolle (z 1) nur als Vehikel, als Notbehelfe verwendbar. Genau dies drückt Wittgenstein durch sein berühmtes Bild von der Leiter aus: »Meine Sätze erläutern dadurch, daß sie der, welcher mich versteht, am Ende als unsinnig erkennt, wenn er durch sie – auf ihnen – über sie hinausgestiegen ist. (Er muß sozusagen die Leiter wegwerfen, nachdem er auf ihr hinaufgestiegen ist.) / Er muß diese Sätze überwinden, dann sieht er die Welt richtig.« (T 6.54)

Die unerhörte Pointe ist also: »Die Welt ist alles, was der Fall ist«, und alle anderen »philosophischen Sätze« des *Tractatus* dürfen nicht zu philosophischen Lehrsätzen verdinglicht werden, sie sind weder wahr noch falsch, die Wahrheit im philosophischen Sinne kann weder durch sinnvolle noch durch sinnlose, noch durch solche unsinnigen Sätze gesagt (z 1) werden. Dass aber die Wahrheit erfassbar, vernehmbar ist, hat Wittgenstein viele Jahre später (einfacher) so ausgedrückt: »Die Philosophie als Verwalterin der Grammatik kann tatsächlich das Wesen der Welt erfassen, nur nicht in Sätzen der Sprache, sondern in Regeln für diese Sprache, die unsinnige Zeichenverbindungen ausschließen.« (2:85)

Von hier aus wird klar, dass Wittgenstein sich selbstkritisch zuspricht, Metaphysisches gesagt zu haben. Richtig wird diese Methode der Philosophie einzig und allein durch die Dekonstruktion, wie Wittgenstein sie mit dem Leiter-Gleichnis betreibt. Allerdings kann so das Ideal, die Utopie, »nichts zu sagen, als was sich sagen läßt«, nicht erreicht werden. Man könnte von einer dreifachen Strategie des *Tractatus* sprechen, wenn man Argumentation, Kreisform und Dekonstruktion unterscheidet: Wie jeder klassische Philosoph geht Wittgenstein streng folgernd vor, er transzendiert aber diese Methode immer wieder durch die Kreisbewegungen und hebt am Ende alles auf. Dafür gibt es allerdings ein frühes Signal: »Sie [die Philosophie] wird das Unsagbare bedeuten, indem sie das Sagbare klar darstellt.« (T 4.115)

Das Mystische

Schon 1915 hat Wittgenstein in sein Tagebuch geschrieben: »Der Trieb zum Mystischen kommt von der Unbefriedigtheit unserer Wünsche durch die Wissenschaft.« (1:143) Unsere Wünsche werden nicht befriedigt, weil selbst dann, »wenn alle *möglichen* wissenschaftlichen Fragen beantwortet sind, unsere Lebensprobleme noch gar nicht berührt sind« (T 6.52). Die empirische Wissenschaft, insbesondere die Naturwissenschaft, kann durch ihre sinnvollen Satzbilder, die wahr sein können (und als Resultat der Naturwissenschaft wahr *sind*), zwar die Welt beschreiben, sie kann uns das *Wie* der Welt veranschaulichen; aber sie kann die Welt nicht in einem uns befriedigenden philosophischen Sinn erklären (T 6.371 ff.), sie kann uns nicht das *Dass* der Welt begreiflich machen, ihren uns umtreibenden Sinn.

Nun begrenzt zwar die von Wittgenstein betriebene antisystematische philosophische Sprachkritik »das bestreitbare Gebiet der Naturwissenschaft«, indem sie »das Undenkbare von innen durch das Denkbare« begrenzt. (T 4.114) Aber auch sie kann die Lebensprobleme nicht in Sätzen lösen, sie kann das *Dass* und *Was* der Welt ebenso wenig aussprechen wie die Wissenschaft, deren wahre Sätze nichts über den Sinn der Welt aussagen. Allerdings hat die Philosophie die wichtige Funktion, durch Hinweis auf jeden verbalen Unsinn (auch ihren eigenen) die Illusion der Sagbarkeit des Sinns zu zerstören.

Im Jahr 1919, also zwei Jahre vor dem Erscheinen des *Tractatus*, hat Wittgenstein an seinen Freund Bertrand Russell kritisch geschrieben, was heute immer noch dem größeren Teil der Wittgenstein-Interpretation ins Buch zu schreiben wäre: »Nun habe ich die Befürchtung, daß Du meine wesentliche Behauptung, zu der die ganze Sache mit den logischen Sätzen nur ein Zusatz ist, nicht erfaßt hast. Die Hauptsache ist die Theorie über das, was durch Sätze – d. h. durch Sprache – gesagt (und, was auf dasselbe hinausläuft, *gedacht*) und was nicht durch Sätze ausgedrückt, sondern nur gezeigt werden kann. Dies, glaube ich, ist das Hauptproblem der Philosophie.« (Br: 88)

Was durch Sätze weder ausgedrückt noch durch die (logischen) Sätze gezeigt werden kann, kann weder das abbildende Zeigen der sinnvollen Sätze (z 1) noch das spiegelbildliche der sinnlosen logischen Sätze (z 2) sein. Es kann nur eine dritte Form des Zeigens gemeint sein (z 3), die Wittgenstein in 4.115 vorankündigt: Die Philosophie »wird das Unsagbare bedeuten, indem sie das Sagbare klar darstellt«. Jenseits des Satz-Bildes und jenseits des Spiegel-Bildes gibt es für Wittgenstein »Unaussprechliches«, das sich »zeigt«: »Es gibt allerdings Unaussprechliches. Dies *zeigt* sich, es ist das Mystische.« (T 6.552)

Dieses dritte, mystische Zeigen (z 3) ist klar zu trennen von der aktiven menschlichen Satzsinnproduktion (z 1) wie von der Spiegelbildlichkeit, die die Logizität der Welt aufweist und verbürgt. Es steht im Zusammenhang mit der philosophischen Frage nach dem Sinn der Welt, nach der »Lösung des Rätsels des Lebens« (T 6.4312). Mit den strengen Mitteln der Logik hat Wittgenstein bewiesen, dass die Sprache immer nur vom *Wie* der Welt sprechen kann, nicht vom *Was*: »Ein Satz kann nur sagen, wie ein Ding ist, nicht was es ist.« (T 3.221) Aber genau dieses *Was*, nämlich *dass* die Welt ist, gehört zur Lösung der Probleme jenseits der beschreibbaren Tatsachen der Welt, die nur zur »Aufgabe« (T 6.4321) gehören: »Nicht *wie* die Welt ist, ist das Mystische, sondern *daß* sie ist.« (T 6.44)

Das Mystische ist also das Sich-Zeigen (z 3) des *Dass* der Welt. Die Gegebenheit des Mystischen ist ein Sich-Zeigen, aber kein physisches und kein spirituelles. Wittgenstein unterstellt weder die Existenz eines – und sei es logischen –

Geisterreichs noch spricht er von religiöser Gnade; er behauptet nur erstens, dass es das Mystische gibt und dass es sich als »Unaussprechliches« zeigt (und nur zeigt); zweitens, dass die ja sprechende (wenn auch nicht lehrende, sondern nur sprachkritisch erläuternde) Philosophie dieses Unsagbare/Unaussprechliche »bedeuten« kann, dass es sich also *im* Ausgesprochenen als dessen Grenze zeigt. 1931 hat Wittgenstein die Gegebenheit dieses Mystischen ganz einfach formuliert: »Das Unaussprechbare (das, was mir geheimnisvoll erscheint und ich nicht auszusprechen vermag) gibt vielleicht den Hintergrund, auf dem das, was ich aussprechen konnte, Bedeutung bekommt.« (VB: 472) Erst vor der Folie des Mystischen gewinnt das philosophisch Formulierte Bedeutung, Signifikanz.

Wittgenstein ist kein Mystiker, nicht nur im tradierten Sinne nicht. Er ist weder logischer Mystiker noch mystischer Logiker. Allerdings: In einem, freilich irreführenden Sinn könnte man von einer »logischen« Mystik sprechen; dann nämlich, wenn man reflektiert, dass Wittgenstein das Mystische *logisch* begründet, wenn auch negativ. Für ihn folgt das Mystische aus der Begrenztheit von Denk- und Sagbarkeit, das Mystische gibt es nur, weil Welt in ihrem *Wie* (und nur darin) deskriptiv abbildbar ist (z 1) und weil jede Sprachform ihr notwendig logisches Wesen zur Erscheinung bringt (z 2). Aber das Mystische *ist* nichts Logisches, es ist das Andere des Logischen, des Denkbaren, des Sagbaren.

In einem Brief von 1917 hat Wittgenstein (im Kontext mit einem traditionellen Gedicht von Ludwig Uhland) seine Idee des Mystischen sehr klar angedeutet: »Wenn man sich nicht bemüht das Unaussprechliche auszusprechen, so geht *nichts* verloren. Sondern das Unaussprechliche ist, – unaussprechlich – in dem Ausgesprochenen *enthalten!*« (Br: 78)

Wohlgemerkt: im Ausgesprochenen eines *poetischen* Textes, nicht in irgendwelchen Beschreibungssätzen. Der *Tractatus* enthält nur dreimal das Adjektiv »mystisch«. Die dritte

Stelle gibt weiteren Aufschluss (T 6.42 ff.): »Die Anschauung der Welt sub specie aeterni ist ihre Anschauung als – begrenztes – Ganzes. Das Gefühl der Welt als begrenztes Ganzes ist das mystische.« (T 6.45) Vergegenwärtigt man sich, dass Wittgenstein einen an Sprache gebundenen engen, rational-deskriptiven Begriff des »Denkens« vertritt, dann ist das philosophische »Gefühl« der Welt als einer begrenzten Einheit die »mystische« Alternative zur Rationalität. Das anschauende Gefühl als Sehen des sich zeigenden Unaussprechlichen – ist es die Utopie eines befreiten ästhetisch-ethisch-philosophischen Vernehmens als des Endes jeder repressiven wie metaphysischen »Vernunft«?

Wichtig ist, dass dieses Gefühl kein emotional-psychisches ist. Es ist ein geistiges Gefühl, ein intuitives Wissen der Welt als Totalität. Dass die Welt als Ganzes nicht aussagbar ist, ist von großer philosophischer Wichtigkeit, es folgt aus der Logik des *Tractatus* – als deren Aufhebung. Dass die Welt ein *begrenztes* Ganzes ist, muss bedeuten, dass dem geistig Fühlenden eine Distanz möglich ist. Der Satz ist nicht beiläufig gesagt, er ist die Antwort auf die Sinnlosigkeit des logischen und die Unsinnigkeit des philosophischen Satzes: Das Gefühl ist Nicht-Sagen, Schweigen, das allerdings intensives Handeln einschließen kann. Es ist nicht begrenzt auf Kontemplation.

Zwei Stellen aus den *Tagebüchern* verdeutlichen den Zusammenhang des Begriffs des Mystischen mit dem Ästhetischen und Ethischen:

»Das Kunstwerk ist der Gegenstand sub specie aeternitatis gesehen; und das gute Leben ist die Welt sub specie aeternitatis gesehen. Dies ist der Zusammenhang von Kunst und Ethik.« (1:178)

»Das künstlerische Wunder ist, daß es die Welt gibt. Daß es das gibt, was es gibt.« (1:181)

Erst genauere Interpretation könnte zweifelsfrei zeigen, dass es sich hier nicht um einen Rückfall in Idealismus handelt, wenn auch durchaus eine Fortsetzung der platonischen Be-

stimmung des Staunens als des Anfangs allen Philosophierens vorliegt. Das Gemeinsame von ästhetischem Handeln
und philosophierendem Denken spricht Wittgenstein noch
ein weiteres Mal 1930 an: »Nun scheint es mir aber, gibt es
außer der Arbeit des Künstlers noch eine andere, die Welt
sub specie aeterni einzufangen. Es ist – glaube ich – der Weg
des Gedankens, der gleichsam über die Welt hinfliege und
sie so läßt, wie sie ist – sie von oben vom Fluge betrachtend.«
(VB: 456)

Auf der höheren Ebene des Mystischen wird das begrenzte
Sagen abgelöst vom schweigenden Sehen; denn wenn der
Leser die unsinnigen Sätze (also auch die über das Unaussprechliche!) überstiegen hat, »dann sieht er die Welt
richtig« (T 6.54).

Philosophiegeschichtlich wichtig ist der Hinweis, dass Wittgenstein der Metapher des Sehens durch ihre Verbindung
mit dem Unaussprechlichen eine neue Richtung gibt: Das
Sehen wird als philosophische Sinnerkenntnis erst jenseits
von Sprache erreichbar (während klassisch das Sehen zu-
sammenfällt mit der vermeintlichen totalen Erkennbarkeit
dessen, was »die Welt im Innersten zusammenhält«). Die
Welt jenseits des abstrakt Denkbaren und sinnvoll Sagbaren
»richtig« zu sehen, das hat Wittgenstein auch in seiner späteren Denkarbeit immer wieder gefordert, am pragmatischsten
wohl in dem Schlüsselsatz der *Philosophischen Untersuchungen*: »Denk nicht, sondern schau!« (PU 66) Vielleicht kann
auf diese Weise auch sichtbar werden, was er mit Satz 7 des
Tractatus fordert: »Wovon man nicht sprechen kann, darüber
muß man schweigen.«

Ethik

In seinem Tagebuch fordert sich Wittgenstein 1916 selbst auf:
»Nun ist aber endlich der Zusammenhang der Ethik mit der
Welt klarzumachen.« (1:179) Die Antwort, die er im *Tractatus*
gibt, erscheint mit anderen Worten noch viele Jahre später

gleich, beispielsweise so: »Das Gute liegt außerhalb des Tatsachenraums.« »Wenn etwas gut ist, so ist es auch göttlich. Damit ist seltsamerweise meine Ethik zusammengefaßt.« (VB: 454) Wittgenstein, der verstanden hat, dass das »vorstellende Subjekt« der philosophischen Tradition »leerer Wahn« ist, erkennt ein »wollendes Subjekt« sehr wohl an, allerdings als eine »Grenze der Welt«. (1:175, T 5.632) Man lese die vielen ethischen Überlegungen im letzten Teil der Tagebücher (1:167 ff.), um die wenigen Sätze des *Tractatus* zur Ethik (vor allem T 6.373 ff.) in ihrer radikalen Bedeutung wie in ihrem logischen Zusammenhang mit dem Mystischen zu verstehen. Da die Tatsachenwelt vom Willen des Menschen unabhängig ist (T 6.373 f.), der Sinn der Welt außerhalb der zufallsbestimmten Tatsachenwelt liegt, können ethische Werte in ihr nicht ausgedrückt werden. Die Kehrseite dessen, dass Sätze grundsätzlich nur den logischen Möglichkeitsraum konstituieren, macht sie wertfrei wie alles »Geschehen und So-Sein« (T 6.41) in der Welt der Tatsachen: »Alle Sätze sind gleichwertig.« (T 6.4) »Darum kann es auch keine Sätze der Ethik geben. Sätze können nichts Höheres ausdrücken.« (T 6.42) »Es ist klar, daß sich die Ethik nicht aussprechen läßt.« (T 6.421)

Für Wittgenstein ist die Ethik »transzendental« wie die Logik, weil sie eine »Bedingung der Welt« (1:172) ist. Weil das Ethische nichts mit den Tatsachen zu tun hat, kann es weder in Sätzen ausgesprochen noch erklärt werden. (3:115) Ethische Sätze wären also wie philosophische unsinnig. Der erste Gedanke bei einem »Du sollst« ist gerade deshalb: »Und was dann, wenn ich es nicht tue?« Lohn und Strafe müssen für Wittgenstein »in der Handlung selbst liegen« (T 6.422). Entsprechend kann das gute oder böse Wollen nur die Grenzen der Welt verändern, die durch die Sprache nicht ausdrückbar sind. Und Wittgenstein folgert, die Welt müsse vom ethischen Wollen »als Ganzes abnehmen oder zunehmen«, das heißt: »Die Welt des Glücklichen ist eine andere als die des Unglücklichen.« (T 6.43) Das Ethische kann man nur leben, nicht lehren, es kann sich, wie alles Unaussprechliche, nur zeigen (z 3). Es ist damit als Schweigen geschützt vor dem begrifflichen Wissen.

Die Radikalität der ethischen Position von Wittgenstein lässt viele Fragen offen. Unabdingbar hat er jedoch durch die Konzeption des mystischen *Dass* mit ihrer »Anschauung der Welt sub specie aeterni« das Gute, das Glück und das Schöne identifiziert: »Ethik und Ästhetik sind Eins.« (T 6.421)

In den *Tagebüchern* heißt es dazu: »Immer wieder komme ich darauf zurück, daß einfach das glückliche Leben gut, das unglückliche schlecht ist.« (1:173) »Man scheint nicht mehr sagen zu können als: Lebe glücklich!« (1:172)

Die Utopie der spontanen Lebenseinheit von philosophischer, ethischer und ästhetischer Erkenntnis und ebensolchem Handeln ist jedoch in *unserer* Zivilisation nicht realisierbar. »Zum Staunen muß der Mensch [...] aufwachen. Die Wissenschaft ist ein Mittel um ihn wieder einzuschläfern.« (VB: 457) Da die »richtige Methode der Philosophie« (T 6.53) noch nicht gelebt werden kann, muss auch Wittgenstein noch an sich unsinnige ethische Sätze formulieren, wie das Schweigegebot des 7. *Tractatus*-Hauptsatzes. Erst jenseits unserer Zivilisation ist für Wittgenstein eine »Veränderung der Lebensweise denkbar, die alle diese [philosophischen wie ethischen] Fragen überflüssig macht« (VB: 537).[47]

Der lebensgeschichtlich asketisch wirkende Ludwig Wittgenstein zeigt sich philosophisch für den, »welcher mich versteht« (T 6.54), als – Hedonist. Und so kann auch deutlich werden, was er in einem Brief über den *Tractatus* mit der Behauptung gemeint hat, der Sinn des Buches sei ein ethischer; ein ungeschriebener zweiter Teil sei der wichtige: »Es wird nämlich das Ethische durch mein Buch gleichsam von Innen her begrenzt; und ich bin überzeugt, daß es, *streng*, NUR SO zu begrenzen ist. Kurz, ich glaube: Alles das, was *viele* heute *schwefeln [sic]*, habe ich in meinem Buch festgelegt, indem ich darüber schweige.« (Br: 96 f.)

Die Sprache

Die ethnologische Betrachtungsweise

Zu den vielen positiven und negativen Bestimmungen Wittgensteins, was Philosophieren sein und was es nicht sein sollte, gehört die Rede von der »Naturgeschichte der menschlichen Begriffe« (7:173, vgl. 7:17). Dabei verschmilzt er reale Naturgeschichte (Phylogenese) und Naturgeschichte als Metapher, wenn er beispielsweise in einem der ersten Texte der *Philosophischen Untersuchungen* formuliert: »Befehlen, fragen, erzählen, plauschen gehören zu unserer Naturgeschichte so wie gehen, essen, trinken, spielen.« (PU 25) Philosophie ist für Wittgenstein also menschliche Begriffsgeschichte im weitesten Sinne. Dieses Verfahren begründet er auch so: »Was wir liefern, sind eigentlich Bemerkungen zur Naturgeschichte des Menschen; aber nicht kuriose Beiträge, sondern Feststellungen von Fakten, an denen niemand gezweifelt hat, und die dem Bemerktwerden nur entgehen, weil sie sich ständig vor unsern Augen herumtreiben.« (6:92)

Das philosophische Staunen über das Gewohnte führt dazu, die eigenen Begriffe nicht mehr für die objektiv richtigen zu halten: »Wer glaubt, gewisse Begriffe seien schlechtweg die richtigen, wer andere hätte, sähe eben etwas nicht ein, was wir einsehen, – der möge sich gewisse sehr allgemeine Naturtatsachen anders vorstellen, als wir sie gewohnt sind, und andere Begriffsbildungen als die gewohnten werden ihm verständlich werden.« (PU: 578)

Danach ist es *eine* Methode des Verstehens unserer eigenen Lebensform, sich »allgemeine Naturtatsachen« anders vorzustellen. Eine *andere* Methode, die Wittgenstein in vielen Bemerkungen anwendet, ist die ethnologische Betrachtungsweise, und zwar als Fiktion, als Gedankenexperiment: »Wenn wir die ethnologische Betrachtungsweise verwenden, heißt das, daß wir die Philosophie für Ethnologie erklären? Nein, es heißt nur, daß wir unsern Standpunkt weit draußen einnehmen, um die Dinge *objektiver* sehen zu können.« (VB: 502)

Wittgenstein stellt sich auf seiner Suche nach den logischen Gesetzen unseres Sprechens, Denkens, Handelns immer wieder fremde, »wilde« Sprech-, Denk- und Handlungsformen vor, zum Beispiel: »Denke, du kämst als Forscher in ein unbekanntes Land mit einer dir gänzlich fremden Sprache. Unter welchen Umständen würdest du sagen, daß die Leute dort Befehle geben, Befehle verstehen, befolgen, sich gegen Befehle auflehnen, usw.?« (PU 206)

Die Antwort auf die ethnologische Frage ist: »Die gemeinsame menschliche Handlungsweise ist das Bezugssystem, mittels dessen wir uns eine fremde Sprache deuten.« (PU 206)

Nicht die soziale, sondern die kulturtheoretisch-philosophische Fantasie regt Wittgenstein mit Fragen an wie dieser: »Wie würde eine Gesellschaft von lauter tauben Menschen aussehen? Wie, eine Gesellschaft von ›Geistesschwachen‹? *Wichtige Frage!* Wie, also, eine Gesellschaft, die viele unserer gewöhnlichen Sprachspiele nie spielte?« (Z 371)

Ein häufiges Beispiel Wittgensteins, um sich die gleichzeitig willkürliche und nicht willkürliche Begriffsbildung (Z 358) jeder Art klarzumachen, ist unser »System der Farben«[48]: »Diese Leute kennen ein Rötlichgrün. – ›Aber es *gibt* doch gar keins!‹ – Welcher sonderbare Satz. – (Wie weißt du's nur?)« (Z 362)

Das Beispiel der abbildenden Fotografie verwendet Wittgenstein, um die gesellschaftliche Bedingtheit aller Begriffe deutlich zu machen: »Es könnte doch Menschen geben, die Photographien nicht, wie wir, verstünden, sähen; die zwar verstünden, daß auf diese Weise ein Mensch dargestellt werden kann, die seine Formen auch ungefähr nach einer Photo-

graphie beurteilen könnten, die aber das Bild doch nicht als
Bild *sähen*. Wie würde sich das äußern? Was würden wir als
Äußerung dessen betrachten?? Das ist vielleicht nicht leicht
zu sagen.« (7:183)
Nur wenn man sich bewusst macht, dass solche Überlegungen heuristisch sind, kann man begreifen, welche Funktion sie in der philosophischen Denkbewegung haben; nämlich zu zeigen, dass es keine »naturgeschichtlich« fixen
Begriffe geben kann: »Festbegrenzte Begriffe würden die
Gleichförmigkeit des Verhaltens fordern. Aber wo ich *sicher*
bin, ist der Andere unsicher. Und das ist eine Naturtatsache.«
(Z 374)
Das Spiel mit dem Ausdruck »Naturtatsache« kann zeigen,
dass die Grenze zwischen Natur und Kultur ganz anders verläuft, als es dem Eurozentrismus nun schon seit mehr als
zweitausend Jahren erscheint, dass eine andere Lebensform
eine andere Begriffswelt konstituiert.
Wittgenstein zeigt aber auch mit ethnologischen Bemerkungen (zum Beispiel Z 380), dass verschiedene Begriffswelten
nicht tragisch getrennt sind: »Andere haben Begriffe, die unsere Begriffe durchschneiden.« (Z 379) Als Beispiel kann die
Bemerkung dienen: »Muß der Begriff der Bescheidenheit,
oder der Prahlerei überall bekannt sein, wo es bescheidene
und prahlerische Menschen gibt? Es liegt ihnen vielleicht
dort nichts an dieser Unterscheidung. / Uns sind ja auch
manche Unterschiede unwichtig, und könnten uns wichtig
sein.« (Z 378)
Für Wittgenstein gehört die Auflösung zentristischer Kultur-
verkrampfung zum Philosophieren. Zwar reflektiert er selten
über die Möglichkeiten grundlegender Gesellschaftsverände-
rungen; aber seine relativistische Erkenntnis der Beziehung
von »Naturtatsachen« und kulturellen Begriffen ist eine Voraussetzung für einen Wandel; denn die Fähigkeit, die »alten
Gedankengleise« (Z 349) zu verlassen, kann sich nur durch
die Einsicht entwickeln, dass alles auch anders sein könnte.
Bereits im *Tractatus*, dessen Grundkategorie der Möglichkeit

bisher selten erkannt wurde, hat er formuliert: »Alles, was wir überhaupt beschreiben können, könnte auch anders sein.« (T 5.634) Schon früh also hat Wittgenstein gegen die objektivistische Beschreibungsillusion Wirklichkeit als veränderbar gedacht. Mit seinen ethnologischen Fiktionen hat er im besten Sinne Philosophie »gedichtet« (VB: 483).

Aus diesem Grund ist seine Kritik an dem ethnologischen Standardwerk *The Golden Bough* von J. G. Frazer[49] nicht beiläufig, sondern gehört in den Gesamtzusammenhang seines Philosophierens.

Satzklang, Geste, Musik

»In der Wortsprache ist ein starkes musikalisches Element. (Ein Seufzer, der Tonfall der Frage, der Verkündigung, der Sehnsucht, alle die unzähligen *Gesten* des Tonfalls.)« (Z 161)

Solche Sätze, die im Zusammenhang mit Wittgensteins vielen Bemerkungen zur Musik zu sehen sind, zeigen, dass er immer wieder Analogien zwischen Wortsprache, Gestik und Musik bedenkt, um die einzelnen menschlichen Formen der Zeichenproduktion, der Semiose, zu beschreiben, das heißt den logischen, praktischen und ästhetischen Zusammenhang der Sprachspiele. Dieses semiotische Denken verzweigt sich zwar im Spätwerk ungeheuer, es beginnt aber schon im *Tractatus* und vorher in den *Tagebüchern,* wo eine Eintragung von 1915 lautet: »Die musikalischen Themen sind in gewissem Sinne Sätze. Die Kenntnis des Wesens der Logik wird deshalb zur Kenntnis des Wesens der Musik führen.« (1:130) Damit reflektiert Wittgenstein musikalische Logik als Satzlogik, und es wird verständlich, dass er viele Jahre später in seiner Kritik der allgemeinen Satzform (»Es verhält sich so und so«) als Argument anführt, dass »*ein* Merkmal unseres Satzbegriffes der *Satzklang* ist« (PU 134). Die akustische Form gehört zum Satz selbst und damit zu seiner Bedeutung.

Obwohl das bedeutungsvolle Klingen der Sätze bei einem Gedicht stärker beachtet wird als in der alltäglichen Kommunikation (PU 553 f.), gibt es doch bei jedem Satz eine grundsätzliche Verbindung von Klang und Bedeutung. Der alltägliche, der poetische und der musikalische Satz sind also so verbunden, dass jede Abwandlung der Klangform auch die Feinbedeutung verändert, sodass Wittgenstein sagen kann: »Wenn ich einen *guten* Satz geschrieben habe, und durch Zufall wären es zwei reimende Zeilen, so wäre dies ein *Fehler*.« (VB: 532) Im *Tractatus* formuliert er: »Der Satz ist kein Wörtergemisch. – (Wie das musikalische Thema kein Gemisch von Tönen.) / Der Satz ist artikuliert.« (T 3.141) Sprachlich-logische und musikalische Artikulation sind vergleichbar, und wenn »alle Unmusikalischen glauben«, dass die Melodie ein »Tongemisch« sei (1:132), geht es ihnen wie Logikern, die nicht sehen, wie differenziert der Satz ist (was durch die Schrift »verschleiert« wird, vgl. T 3.143).

Schon früh sieht Wittgenstein Sprechen und Verstehen im Zusammenhang mit der Gebärde, der Geste, ja er deutet Sprache selbst als Geste, wodurch sein viel zitierter Satz »Worte sind auch Taten« (PU 546) eine weitere Dimension bekommt: »Ich kann für meine Zwecke statt der Empfindungen, von welchen man sagt das Wort drücke sie aus, Tonfall und Gebärden setzen, mit welchen das Wort gebraucht wird. […] Aber ich könnte auch statt des Tonfalls und der begleitenden Gebärde, für meine Zwecke, das Wort selbst als Gebärde auffassen.« (PG: 66)

Seine immer wieder thematisierte Ablehnung der »hinweisenden Erklärung« als des vermeintlichen logischen Ursprungs der Sprache hat ihren Grund darin, dass es letztlich keine Trennung von Zeigen und Sprechen, von Wort und Geste gibt (Z 28): Geste, Wort, Satz, Sprachspiel, Sprache bilden einen riesigen semiotischen Handlungszusammenhang.

Wittgenstein hat an einer Stelle sogar Gedanken als »Winke« verstanden (Z 89), und im Spätwerk erweitert er seinen

Sprachbegriff so sehr, dass selbst glossolalische »Lautgebär-den, ohne Wortschatz oder Grammatik«, eine »Sprache der klanglichen Gebärde« bilden können. (PU 528 f.) Das heißt jedoch keineswegs, dass Gebärden *ohne* ihren Ausdruckszu-sammenhang, ohne Zeichen-»System«, sprachliches Leben gewinnen könnten: »Die Gebärde *versucht* vorzubilden – möchte man sagen – aber kann es nicht.« (PU 434) Die iso-lierte Geste, das Zeichen allein, »sagt« noch nichts; Funktio-nalität ist weder das Wesen noch der ganze Umfang der Sprache: »Architektur ist eine *Geste*. Nicht jede zweckmäßige Bewegung des menschlichen Körpers ist eine Geste. Sowe-nig, wie jedes zweckmäßige Gebäude Architektur.« (VB: 510) Dagegen möchte man »guter Architektur [...] mit einer Geste folgen« (VB: 481). Wittgenstein macht in seiner ambivalenten Einstellung zur Philosophie die minutiöse Beobachtung: »Wer philosophiert, macht oft zu einem Wortausdruck die falsche, unpassende Geste.« (Z 450)[50]

Gebärde und Wort gehören auch kulturgeschichtlich-anthro-pologisch zusammen. Gegen den schottischen Anthropolo-gen und Religionswissenschaftler James George Frazer for-muliert Wittgenstein: »In den alten Riten haben wir den Gebrauch einer äußerst ausgebildeten Gebärdensprache. [...] Alle diese Prozesse, diese Wandlungen der Bedeutung, haben wir noch in unserer Wortsprache vor uns.«[51] Hinzu-fügen muss man hier, dass Wittgenstein in der Gebärden-sprache gerade nicht den Ursprung der Wortsprache sieht: »Warum soll denn die ungesprochene Gebärde die gespro-chene begründen?« (PU: 490) Geste und Wort stehen also nicht im Begründungsverhältnis, vielmehr bilden sie, zusam-men mit den anderen Zeichenformen, jenes dynamische, veränderliche alltäglich-praktische System, das wir »Sprache« im weiten Sinne nennen und das als riesiges Sprachspielfeld die Lebensform einer Kultur ist.

Die Geste als ein Zeichenbegriff erlaubt es, scheinbar ge-trennte Kommunikationsformen in ihren Zusammenhängen zu beschreiben. Gerade die Vagheit macht diesen Begriff für

Wittgenstein ideal. Eine musikalische Phrase als Geste zu verstehen (VB: 553) ist jedem Musikliebhaber geläufig; doch Wittgenstein führt solches analogisierend-spontane Denken auf eine philosophische Ebene, indem er es systematisiert. Sämtliche menschlichen Ausdrucksbewegungen werden in ihrer Verwandtschaft sichtbar: Akustische, visuelle, taktile, mentale Gesten befragt er auf ihre innere Logik hin, und eine kritische Lektüre des *Tractatus* verdeutlicht diesen, auch ästhetischen, Sinn der Abbildtheorie, wenn Wittgenstein das Abbildungsverhältnis von Sprache und Welt mit dem zwischen Grammofonplatte, dem musikalischen Gedanken, der Notenschrift und den Schallwellen vergleicht, weil sie den »logischen Bau gemeinsam« (T 4.014) haben. Und er fährt mit einem bereits zitierten Gleichnis fort, dessen ästhetische wie semiotische Bedeutsamkeit der Wittgenstein-Rezeption entgangen ist: »Wie im Märchen die zwei Jünglinge, ihre zwei Pferde und ihre Lilien. Sie sind alle in gewissem Sinne Eins.« Dass sich Jahrzehnte später formulierte Bemerkungen damit verbinden lassen, zeigt, wie wenig der späte Wittgenstein den Kern der Abbildtheorie aufgegeben hat. Zentral für sein gesamtes Philosophieren ist deshalb der Satz 4.015 des *Tractatus*: »Die Möglichkeit aller Gleichnisse, der ganzen Bildhaftigkeit unserer Ausdrucksweise, ruht in der Logik der Abbildung.«

Wittgenstein hat damit bereits den herrschenden repräsentativen Zeichenbegriff überwunden, die Wurzel des essenzialistischen Denkens; denn sprachliche »Eigentlichkeit« als Wortbedeutung lässt sich nun nicht mehr trennen von vermeintlich uneigentlicher Bildhaftigkeit.

Er spricht vom »Sprachgebiet« der Musik, das zum Beispiel von Beethoven erweitert wurde (VB: 528), er bemerkt an einem musikalischen Thema einen »Gesichtsausdruck« (VB: 523) und erkennt, dass der Eindruck, den ein musikalisches Thema auf uns macht, paradigmatisch »mit dem ganzen Feld unserer Sprachspiele« zusammenhängt, es also nichts ohne »Umgebung« (und auch keine Umgebung ohne

Umgebung) gibt: »Und doch *ist* da eben kein Paradigma außerhalb des Themas. Und doch *ist* auch wieder ein Paradigma außerhalb des Themas: nämlich der Rhythmus unserer Sprache, unseres Denkens und Empfindens. Und das Thema ist auch wieder ein *neuer* Teil unserer Sprache, es wird in sie einverleibt; wir lernen eine neue *Gebärde*. / Das Thema ist in Wechselwirkung mit der Sprache.« (VB: 523)

In diesen Zusammenhang gehören viele Bemerkungen zum Verstehen der Musik, das Wittgenstein dem Verstehen eines Satzes in der Sprache für »viel verwandter« erklärt, »als man etwa glaubt« (PU 527).[52] Am Verstehen der Musik lässt sich besonders klar zeigen, wie jede von Menschen produzierte Zeichenform in und mit ihrer fließenden Umgebung zusammenhängt: Auch die musikalische Phrase wird wie eine Sprache verstanden, und sie hat »nur in dem Fluß der Gedanken und des Lebens« »Bedeutung« (Z 172 f.). Man muss »in einer bestimmten Kultur erzogen« sein, um in der besonderen Begriffswelt einer Musikform zu Hause zu sein. (Z 164 f.) Zur Idee der Wechselwirkung gehört es ebenfalls, dass für Wittgenstein Verstehen selbst zum Handeln wird: »Das Verständnis der Musik ist eine Lebensäußerung des Menschen.« (VB: 550) Wir *reagieren,* wenn wir Musik verstehen. (VB: 549) Und das gilt allgemein: Letztlich sind alle Sprachspiele miteinander verbunden; deshalb wirken sie auch beim Erklären und Verstehen aufeinander; jemandem »Verständnis für Gedichte oder Malerei beibringen, kann zur Erklärung dessen gehören, was Verständnis für Musik sei« (VB: 550).

Vollzieht man solche Gedanken nach, entfernt man sich keineswegs vom Zentrum der philosophischen Logik Wittgensteins in ein vermeintlich nebulöses Reich des Ästhetischen; vielmehr hat jede Begriffswelt ihren Zusammenhang mit jeder anderen, die sich nur zum fachdisziplinären Schein von ihr trennen lässt. »Vergleiche einen Begriff mit einer Malweise: Ist denn auch nur unsere Malweise willkürlich? Können wir nach Belieben eine wählen? (z. B. die der Ägypter.)« (PU 578)

Wittgenstein sagt also: Unsere Malweise, Musizierweise, Dichtweise, Denkweise, Sprechweise, Lebensweise, Arbeitsweise usw. bilden einen Zusammenhang, der geschichtlich *geworden* und veränderbar ist. Er konstituiert unsere Begriffswelt, die zwar frei gewählt, aber nicht willkürlich ist, als »Grammatik«, die als logischer Zeichengebrauchszusammenhang beschreibbar ist.

Die Musik ist für Wittgenstein »die raffinierteste aller Künste«, weil sie mit ihren Tönen ihre »unendliche [geistige] Komplexität« verschweigt. (VB: 462) Der »Körper« der Musik redet nicht. Diese Bemerkung von 1931 hat einen Zusammenhang mit dem Theorem des »Schweigens« und »Zeigens« im *Tractatus*. Die Musik *zeigt* durch ihr positives Schweigen ihre Komplexität. Auf diese Weise gelingt es ihr wie dem philosophischen Denken, die Grenzen der Sprache »mystisch« zu transzendieren, indem sie gerade nicht den »Ausdruck der Gedanken« (T: Vorwort) forciert. Die Paradoxien in Wittgensteins Redeweise bekommen ihren revolutionären Sinn, wenn man diese Redeweise als bewusste Überschreitung der Semiose versteht. Dann aber erhellen sich die Paradoxien, und es hätte guten Sinn zu sagen: »Das Sprechen der Musik« (Z 160) ist ihr Schweigen. Wenn Wittgenstein sagt, »Philosophie dürfte man eigentlich nur *dichten*« (VB: 483), negiert er die Trennung zwischen Philosophie und Kunst. »Sub specie aeterni« sind die »Arbeit des Künstlers« und der »Weg des Gedankens« analog. (VB: 456) Sprachspieldenkendes Philosophieren vollzieht sich in zeigender Form, wenn auch mit den Mitteln des logisch-diskursiven Sagens. Indem Wittgenstein gestische, sprachliche, musikalische Sprachspiele in ihrer Verflochtenheit beschreibt, bringt er das alltägliche semiotische Kontinuum aus Wörtern, Themen, Gedanken, Sätzen, Gesten sprachlich zur Erscheinung, ohne es auszusprechen.

Für Wittgenstein gibt es keine ein für alle Mal definierbaren Wesensbegriffe; jeder Begriff hat seine relative Bedeutung und Brauchbarkeit, er hat eine nützliche Unbestimmtheit, die gerade seinen Gebrauchswert erhöht. Dieser antiessenzialistische Zug gilt auch für das Allerheiligste jeder sprachtheoretisch fundierten Philosophie: den Begriff des Zeichens. Den Zusammenhang des *Tractatus* mit dem Spätwerk kann man erst dann verstehen, wenn man erkennt, welchen Begriff von Zeichen Wittgenstein hat und wie sich ihm alle nur denkbaren Formen der Semiose als »sprach«-logisch miteinander vermittelt erweisen.

Beim späteren Wittgenstein fällt zunächst auf, dass sein Denken nicht mehr um den Begriff eines elementaren Zeichens oder des Satzes kreist. Trotzdem ist auch das alle Begriffe verflüssigende Sprachspieldenken noch semiotisch. Das Zeichenproblem löst sich keineswegs im »ganzen Feld unserer Sprachspiele« (VB: 523) auf. Zunächst gibt es für Wittgenstein kein isoliertes Zeichen, das für sich Bedeutung haben könnte: »Jedes Zeichen scheint *allein* tot. *Was* gibt ihm Leben? – Im Gebrauch *lebt* es. Hat es da den lebenden Atem in sich? – Oder ist der *Gebrauch* sein Atem?« (PU 432)[53] Für den späteren Wittgenstein gibt es kein »primäres Zeichen« (PG: 88f., 90), es gibt kein »eigentliches Zeichen« und deshalb auch kein »Wesen des *eigentlichen* Zeichens« (PU 105). Das isolierte Zeichen ist gekennzeichnet durch »Unbeholfenheit«, es kann nichts »sagen« (Z 228). Diese Feststellung ist trivial; denn wenn Wittgenstein sagt, »die philosophischen Probleme entstehen, wenn die Sprache *feiert*« (PU 38), dann liegt die Wurzel in der illusionären Auffassung der benennenden Zeichensetzung, der »Taufe« eines Gegenstandes durch einen Namen. Die Annahme isolierbarer Zeichen führt zur Illusion des »transzendentalen Signifikats«[54]. Das sprachliche Zeichen wird als Entität gesehen, auf die der Metaphysiker, der noch im zeitgenössischen

Linguisten schlummert, »starrt« (PU 38). Es entstehen die philosophischen Scheinprobleme, weil »die Sprache leerläuft« (PU 132). Für Wittgenstein gibt es keinen semiotischen Ausgangspunkt, auch die hinweisende Erklärung lässt er als semiotischen Ursprung nicht gelten[55]: Während sich Logiker heute noch streiten, ob es nicht doch ein reines Zeigen, zum Beispiel mit dem Finger, gibt, macht der einfache Umgang mit kleinen Kindern, die die Zeigegeste noch nicht verstehen, klar, dass auch die einfachste Deixis nur als Sprachspiel gelernt und verstanden werden kann. Auch ein Uhrzeiger, ein Wegweiser, ein Pfeil hat keine voraussetzungslose Bedeutung: »Wie kommt es, daß der Pfeil [...] *zeigt*«, fragt Wittgenstein, und er antwortet: »Der Pfeil zeigt nur in der Anwendung, die das Lebewesen von ihm macht.« (PU 454)

Wie also kommt das tote Zeichen zur verstehbaren und wiederholbaren Bedeutung? »Das Zeichen lebt im System.« (Z 146) »Nur dynamisch ist etwas ein Zeichen, nicht statisch.« (PG: 55) Und nur das könnte dem Zeichen wesentlich sein, dass es immer nur »für ein lebendes Wesen da« ist. (PG: 192) Der Grundfehler liegt also nach Wittgenstein darin, ein Zeichen so zu behandeln, als ob es »ein Gegenstand wäre«. »Das Zeichen (der Satz) erhält seine Bedeutung von dem System der Zeichen, von der Sprache, zu dem es gehört. Kurz: einen Satz verstehen, heißt, eine Sprache verstehen.« (5:21)

Die Frage liegt nahe, ob Wittgenstein das Zeichen wie schon Saussure als etwas Willkürliches versteht: »Hat denn dieses System etwas Willkürliches? Ja und nein. Es ist mit Willkürlichem verwandt, und mit Nichtwillkürlichem.« (Z 358) Wittgensteins Zeichenbegriff ist nicht mentalistisch, die Sprache stellt keine Zwischenwelt zwischen Gedanken und Wirklichkeit dar: »Alles Wesentliche ist, daß die Zeichen sich, in wie immer komplizierter Weise, am Schluß doch auf die unmittelbare Erfahrung beziehen und nicht auf ein Mittelglied (ein Ding an sich).« (PB: 282)

Erst spät hat Wittgenstein reflektiert, was in seinem Begriff der Zeichen von Anfang an angelegt war: dass sie – außer in der Kunst – umschreibbar, übersetzbar, paraphrasierbar sind. »Ich habe vielleicht die Wichtigkeit dieser Paraphrasierung nie genügend betont.« (Z 517) Die Möglichkeit der Paraphrase stiftet erst den inneren Zusammenhang der verschiedenen Zeichenformen. Dass wir »Worte durch eine Geste, und eine Geste durch Worte erklären« können (Z 227), hat zur Voraussetzung, dass die unterschiedlichsten Zeichen logisch-semiotisch miteinander verbunden sind.

Wie bereits gezeigt, stellt die Bildtheorie des *Tractatus* keine »realistische« oder »mimetische« Repräsentationstheorie des Zeichens dar, sondern eine strukturalistisch-logische. Für die Frage nach dem elementaren Zeichen ist hier nachzutragen: »Namen« sind »einfache Zeichen« (T 3.202), sie sind sogar »Urzeichen« (T 3.26); aber sie »vertreten« nur, sie »nennen« nur die Gegenstände (T 3.22), sie geben nur an, wie etwas ist, nicht, was es ist (T 3.221). Sie sind daher ein »logischer Begriff« (1:144), ein Konstrukt. Der aus Namen bestehende Bild-Satz realisiert keine substanzielle Ähnlichkeit im mimetischen Sinne; er hat mit den abgebildeten Gegenständen nur die logische Form gemein. Das Namens-Zeichen ist beliebig; nicht beliebig ist erst der Satz mit seiner »Bestimmtheit des Sinns« (T 3.23). Erst ihre syntaktische Verkettung gibt den Namen Bedeutung (T 3.3), und das heißt: Schon im *Tractatus* haben wir es mit einer Gebrauchstheorie der Bedeutung zu tun, wenn auch noch beschränkt auf den deskriptiven Satz, also die Sprachfunktion der Darstellung. Insofern hat Wittgenstein die Repräsentationstheorie hier nur für den Namen gesprengt. Beginnend mit der *Philosophischen Grammatik* (PG 63 ff., 88 f.), also mit der Entfaltung des Sprachspieldenkens, hat Wittgenstein die realistische Repräsentation widerlegt. Zu Beginn der *Philosophischen Untersuchungen* setzt er sich am Beispiel des Augustinus mit der klassischen Namenstheorie auseinander, für die die Beziehung der Wörter zu den Gegenständen direkt, schematisch und substanziell ist. Oft wird die Radikalität übersehen, mit der Wittgenstein jene klassische Sprachauffassung destruiert, »die bis heute die Philosophie- und Wissenschaftsgeschichte durchherrscht«[56].

Die Argumentation lässt sich in zwei Punkten zusammenfassen:

1. Die realistische Zeichenauffassung basiert auf der Verwechslung von Zeichen als Namen mit dem *Träger* eines Namens: »wenn Herr N. N. stirbt, so sagt man, es sterbe der Träger des Namens, nicht, es sterbe die Bedeutung des Namens« (PU 40). Es gibt also keine reale Beziehung eines Namens zu einer Person, eines Zeichens zu einem Gegenstand. Dieses Faktum wird aber nun gerade bei der hinweisenden Erklärung verschleiert, auf die sich Augustinus bezieht (PU 1); denn die hinweisende Erklärung funktioniert nur dann, »wenn es schon klar ist, welche Rolle das Wort in der Sprache überhaupt spielen soll. [...] Man muß schon etwas wissen, um nach der Benennung fragen zu können.« (PU 30) Deshalb kann das Benennen nicht das Fundament der Sprache sein. (PG: 56) »Mit dem Benennen eines Dings ist noch *nichts* getan.« (PU 49) Ein Ding kann für sich gar keinen Namen *haben,* erst in einem über die Benennung hinausgehenden »Spiel« kann es einen Namen *bekommen:* »Das Benennen ist noch gar kein Zug im Sprachspiel, – so wenig, wie das Aufstellen einer Schachfigur ein Zug im Schachspiel.« (PU 49)

2. Die klassische Namenstheorie kann vermeintlich höchstens Ding-Zeichen, Substantive erklären und damit nur die deskriptive Funktion der Sprache. Die Sprache besteht aber wesentlich in viel mehr als im »Akt des Benennens«, sie hat viele Funktionen, die Wittgenstein mit folgenden Ausrufen andeutet: »Wasser! Fort! Au! Hilfe! Schön! Nicht!« (PU 27) Sprache als Spielzusammenhang übergreift so sehr die Benennung, die Darstellung, das Urteil, dass das abendländische Wahrheitskonzept seine zentrale Bedeutung verliert. Das gilt heute auch von der Naturwissenschaft, die vom

Wahrheitskonzept zum Konzept des Konsenses übergegangen ist.[57]

Wittgenstein hat seine allgemeine Bildtheorie im Spätwerk keineswegs aufgegeben; er hat sie allerdings kritisch modifiziert und so stark ausgeweitet, dass sie ihr ursprüngliches Zentrum, das Verhältnis vom Satz/Bild zur Wirklichkeit, verloren hat. Die Verschiebung von der Satzperspektive zur »Textualität« des Sprachspiels hat viele Interpreten zu der Annahme verleitet, Wittgenstein habe die Bildtheorie später abgelehnt.

Den entscheidenden Schritt zur kritischen Modifikation macht er in der *Philosophischen Grammatik,* als er erkennt, dass seine frühe Gleichsetzung von »Bildhaftigkeit« und »Übereinstimmung« ein Irrtum war: Obwohl die Theorie der »Übereinstimmung zwischen Gedanken und Wirklichkeit« von Anfang an nicht realistisch, sondern strukturalistisch konzipiert war, bekam sie – spätestens durch das Missverständnis des Wiener Kreises – einen realistischen Schein, den Wittgenstein nun zu zerstören sucht: »Vor allem ist ›Bild‹ hier zweideutig.« (PG: 212) Dass es eine Beziehung zwischen Satz und Wirklichkeit gibt, gilt unbeschadet der Tatsache, dass jedes Bild nur ein Versuch ist: »Das Bild ist ein Modell der Wirklichkeit.« (T 2.12) Bilder als Sätze stellen also nur Bezugnahmen dar. Wittgenstein erkennt später, dass das »Bild« ein – Bild ist, ein »Gleichnis«: »Ich hatte ein Gleichnis gebraucht, aber durch die grammatische Täuschung, dem Begriffswort entspreche *Eines,* das *Gemeinsame* aller seiner Gegenstände, erschien es nicht als Gleichnis.«[58]

Dadurch wird der Bildbegriff extrem komplex und kompliziert. Der Satz 4.015 des *Tractatus* wird fast zum Angelsatz: »Die Möglichkeit aller Gleichnisse, der ganzen Bildhaftigkeit unserer Ausdrucksweise ruht in der Logik der Abbildung.« Für die hermeneutische Tätigkeit des Philosophen kann es nun keine strenge Trennung »begrifflicher und ästhetischer Fragen« (VB: 563) mehr geben: »Alles kann ein Bild von allem sein.« (PG: 163)

Der Bild-Gebrauch ist selbst ein vielgestaltiges Sprachspiel: »Wenn wir den Satz mit einem Bild vergleichen, so müssen wir bedenken, ob mit einem Porträt (einer historischen Darstellung) oder mit einem Genrebild. Und beide Vergleiche haben Sinn.« (PU 522, vgl. PG: 164) Es geht also nicht mehr um Bildhaftigkeit an sich, sondern um spezifische Bildformen. Es gibt keine Abbildung in Reinkultur; Bilder, »die schlechtweg abzubilden scheinen, wie ein Ding aussieht«, wären »gleichsam müßig« (PU 291). Die sprachliche Beschreibung als bloßes »Wortbild der Tatsachen« kann nicht leisten, was sie vorgibt, weil erst der Charakter des Bildes veranschaulichen kann, was der Bildvergleich (Sprache – Wirklichkeit) leistet. »Porträt«, »Stilleben« (PU 526), »Genrebild«, »Schlachtenbild« (PG: 169), ein »plastisches Bild« und ein »Film« (PU 520) sind sehr unterschiedliche Projektionsmethoden. Und mehr, als solche Bilder oder Bildformen zu geben, kann der »Satz als Bild eines möglichen Sachverhalts« nicht »tun« (PU 520). Noch ganz spät geht Wittgenstein hinter solche Expansion seines Bildbegriffes nicht zurück, wenn er Freuds Traumdeutung zugesteht, dass sie zeige, »in wie *komplizierter* Weise der menschliche Geist Bilder der Tatsachen macht. / So kompliziert, so unregelmäßig ist die Art der Abbildung, daß man sie *kaum* mehr eine Abbildung nennen kann.« (VB: 512) Wenn der Schein der direkten Abbildung der Welt durch Bilder zergangen ist, wird die qualitative Frage wichtig, was denn die jeweilige Projektionsform sagt. Wittgensteins Antwort ist wieder ein Zeichen für sein kunstnahes Philosophieren: »›Das Bild sagt mir sich selbst‹ – möchte ich sagen. D. h., daß es mir etwas sagt, besteht in seiner eigenen Struktur, in *seinen* Formen und Farben. (Was hieße es, wenn man sagte ›Das musikalische Thema sagt mir sich selbst‹?)« (PU 523) Dieser Selbstbezug des Bildes ist weder formalistisch noch ästhetizistisch zu verstehen; vielmehr zeigt er, dass die »breite Straße« der direkten Beziehung des Bildes zur Wirklichkeit grundsätzlich »gesperrt« ist, dass wir »in der wirklichen Verwendung« »gleichsam Umwege« machen und machen müssen. (PU 426) Ein Satz, ein Bild, eine Melodie sind nie reine Bezeichnung von Wirklichkeit. Die letzte Konsequenz daraus ist, das Denken selbst eine Art der Bildproduktion ist: »Das Denken ist ganz dem Zeichnen von Bildern zu vergleichen.« (PG: 163) Schein ist für Wittgenstein die Annahme, ein Bild könne »*eindeutig* den Sinn« bestimmen: Die Illusion des eindeutigen Bildsinnes vergleicht er mit der »geraden breiten Straße« (PU 426), die »gesperrt« ist.

Weil also kein Bild einen eindeutigen Wert hat, liegt alles in seinem Gebrauch; es hat Gebrauchswert. In Abwandlung einer berühmten Bestimmung von Marx zum »Fetischcharakter der Warenwelt« ließe sich zum Fetischcharakter der metaphysischen Bildwelt formulieren: »Könnten die Bilder [bei Marx: die Waren] sprechen, so würden sie sagen, unser Gebrauchswert mag den Menschen interessieren. Er kommt uns nicht als Dingen zu.«[59]

Wittgenstein ist alles andere als ein Bilderstürmer, wenn er die Eindeutigkeit von Bildern immer wieder zerstört. (PU 422) »Das Bild ist *da*; und ich bestreite seine *Richtigkeit* nicht. Aber *was* ist seine Anwendung?« (PU 424) Dafür gibt er sehr spät ein sinnfälliges Beispiel: »Wir machen uns von der Erde *das Bild* einer Kugel [...]. Das Bild der Erde als Kugel ist ein *gutes* Bild, es bewährt sich überall, es ist auch ein einfaches Bild – kurz, wir arbeiten damit, ohne es anzuzweifeln.« (ÜG 146 f.)

Wittgenstein verwendet sehr viele Bilder, Metaphern, Vergleiche[60]; sie heben die vulgärsemiotische Trennung von Bild und Begriff auf. Der Gebrauch einer Metapher ist »in Ordnung, solange sie uns nicht irreführt, wenn wir philosophieren« (5:70). Die Gefahr irreführender Metaphern liegt in der »Form unseres Ausdrucks« (PU 356), die uns eine Gegenständlichkeit vorzutäuschen vermag, sobald wir bei ihr sozusagen stehen bleiben. Hierfür ist ein Beispiel der Bildschein der »Tiefe«, den unsere Probleme »durch ein Miß-

95

deuten unserer Sprachformen« (PU 111) bekommen. Wenn das geschieht, wird das Bild zur Fessel: »Ein *Bild* hielt uns gefangen. Und heraus konnten wir nicht, denn es lag in unserer Sprache, und sie schien es uns nur unerbittlich zu wiederholen.« (PU 115)

Von der Offenheit, ja Vieldeutigkeit der Bilder zeugt auch das folgende: »Was ist dein Ziel in der Philosophie? – Der Fliege den Ausweg aus dem Fliegenglas zu zeigen.« (PU 309) Dieses Bild ist trotz seiner Einfachheit in hohem Maße ausdeutbar und insofern »schön«. Bilder sind Denkhilfen, Instrumente für die philosophische Fantasie. (Z 254) Ein Bild für sich ist »bloß ein Bild«, es hängt – wenn man es von seinem Gebrauch trennt – »in der Luft« (Z 274).

Wittgenstein, der sich einen »Maler« von philosophischen Bild-Beschreibungen genannt hat (VB: 567), hat einmal so seinen spezifischen Versuch beschrieben, Bild und Begriff zu verbinden: »Wie kann man durch Denken die Wahrheit lernen? Wie man ein Gesicht besser sehen lernt, wenn man es zeichnet.« (Z 255) Von der Wahrheit sind immer neue Bilder zu zeichnen. Obwohl es also nicht *ein* festes Bild gibt, stoßen wir doch immer wieder auf ein »Bild am Grunde alles Denkens«. Und dieses jeweilige Bild ist als ein unfestes-festes zu »respektieren«. (VB: 567f.) Denk-Bilder und Bild-Denken gehören damit philosophisch zusammen und erst die Verdinglichung verleitet zum metaphysischen »Aberglauben«. (VB: 568)

Wittgenstein führt uns durch Bilder über Bilder hinaus. Er hat das bereits mit der Bildtheorie des *Tractatus* getan, indem er sie paradox-poetisch übersteigert hat (sodass er als metaphysischer Mystiker missverstanden werden konnte). Er hat das im späteren Werk – um den Preis scheinbarer Trivialität – ruhiger getan, beispielsweise so: »In unsern Begriffen spiegelt sich unser Leben [...]. Sie stehen mitten in ihm.« (8:102) Von *diesem* Gebrauch der Spiegelmetapher lässt sich sagen, dass Wittgenstein damit gerade *die* philosophische Spiegelmetaphorik der abendländischen Tradition hinter sich gelassen hat, wie sie in der »systematischen« Philosophie vorliegt, die Richard Rorty in grundsätzlichen Gegensatz zur »bildenden« Philosophie setzt, als deren hervorragende Vertreter er unter anderem Goethe, Kierkegaard und den späteren Wittgenstein nennt.[61]

Sehen, Wissen, Erkennen

Die Bildtheorie des *Tractatus* war Wittgensteins erste Erkenntnistheorie. Aus dem späteren und spätesten Werk, vor allem aus dem zweiten Teil der *Philosophischen Untersuchungen* und den letzten Fragmenten *Über Gewißheit,* ergibt sich eine auf ihr aufbauende zweite Erkenntnistheorie, die in der Wittgenstein-Rezeption noch kaum gesehen wird. Diese zweite Erkenntnistheorie zieht mithilfe der Phänomene des Sehens, Wissens und Erkennens die philosophische Konsequenz aus der Relativitätstheorie von Einstein, ohne direkten Bezug auf die moderne Physik. Sie sei hier relativistische Erkenntnistheorie oder objektiver Relativismus genannt.[62]

Schon in seinen *Tagebüchern* hatte Wittgenstein den Begriff des Sehens mit einem Satz zu problematisieren begonnen: »Ist sehen eine Tätigkeit?« (1:172) Zwar beschäftigt sich die Bildtheorie als Theorie des Abbildens und Zeigens nicht mit dem Sehen als physischer Wahrnehmung; aber immerhin kommt es beim Solipsismusproblem zu einer auch physikalisch interessanten Aussage, wenn Wittgenstein unserem Gesichtsfeld eine feste, etwa ellipsenförmige Form abspricht: »nichts *am Gesichtsfeld* läßt darauf schließen, daß es von einem Auge gesehen wird« (T 5.633 f.).

»Der Gebrauch des Wortes ›sehen‹ ist ja durchaus kein einfacher.« Man stellt sich das Sehen zu einfach vor, wenn man es, passiv oder aktiv, als »ein Eintrinken von etwas mit den Augen« (7:287) versteht. Und deutlicher: »Der Begriff ›sehen‹ macht einen wirren Eindruck. Nun, so ist er.« (PU: 529)

Schon der physische Akt des Sehens selbst ist so wenig fest wie das Gesichtsfeld als (vermeintlicher) Rahmen: »Wie gänzlich zerrissen uns doch erscheinen kann, was wir sehen!« Dieses Faktum hat auf der Ausdrucksebene, der Beschreibung des Gesehenen, die Konsequenz, dass es »nicht *einen eigentlichen,* ordentlichen Fall so einer Beschreibung« geben kann.

Dass jede Beschreibung nur eine Ausdrucksmöglichkeit unter vielen ist, hat Wittgenstein schon im *Tractatus* bei seinen Sätzen zur physikalischen »Weltbeschreibung« (T 6.341 ff.) erkannt. Obwohl alles Beschreiben ein Handeln, eine Tätigkeit ist, ist das vom Wahrnehmungsvorgang selbst zunächst nicht zu sagen: »Sehen ist keine Handlung, sondern ein Zustand.« (Z 208) Aber auch diese Bestimmung befriedigt nicht: »Denk nur ja nicht, du wüßtest im Vorhinein, was ›*Zustand* des Sehens‹ hier bedeutet!« (PU: 550) Von der vielfältigen Beschreibungsmöglichkeit von Gesehenem ist also darauf zurückzuschließen, dass schon der Zustand des Sehens etwas Kompliziertes ist. Und Wittgenstein zieht die philosophische Konsequenz: »Gewisses am Sehen kommt uns rätselhaft vor, weil uns das ganze Sehen nicht rätselhaft genug vorkommt.« (PU: 550) Sehen als logischer Begriff ist rätselhaft. Wenn man die »fundamentalsten« Erlebnisse, die »Sinneseindrücke«, gleichberechtigt neben andere Erlebnisse stellt (PU: 555), wird das Rätselhafte am Sehen nicht mehr durch naturwissenschaftliche Sätze etwa der Art, wie sie heute üblich sind, gelöst, zum Beispiel: »Sehen ist nicht bloß Aufnahme optischer Information, sondern auch Weiterverarbeitung.«[63] Philosophisch ist gerade die Frage, worin diese Aufnahme optischer Information besteht, ja was »Information« hier meinen kann. Für Wittgenstein kann man jedenfalls mit dem »physiologischen Kriterium des Sehens« (PU: 550) das Problem des Sehens nicht lösen.

Den nächsten Schritt in Richtung auf seine relativistische Erkenntnistheorie geht er in unzähligen Überlegungen im Nachlassband 7 der Werkausgabe, zusammenhängend und verdichtet im Teil XI des zweiten Teils der *Philosophischen Untersuchungen*. (PU: 518 ff.) Er diskutiert eine zweite Form des Sehens, die er »das Bemerken eines Aspekts« (PU: 518) oder »Sehen als« (PU: 524) nennt. Dabei ist ein »Aufleuchten« des Aspekts von einem »stetigen Sehen« (PU: 520) zu unterscheiden, was er »Aspektwechsel« (PU: 522) nennt. Ein häufig benutztes Beispiel für den Aspektwechsel ist der sogenannte Hasen-Enten-Kopf, eine einfache Zeichnung, die man als Hase oder als Ente sehen kann. (PU: 520) Sowohl am Aspektbemerken als auch am Aspektwechsel ist das Problem des begrifflichen Zusammenhangs von Sehen, Denken, Deuten, Sichvorstellen, Wissen, Erkennen erneut zu diskutieren.

Zunächst scheint das »Sehen als« etwas anderes zu sein als bloße sinnliche Wahrnehmung: »Und darum ist es wie ein Sehen und wieder nicht wie ein Sehen.« (PU: 524) Das Aufleuchten des Aspekts scheint »halb Seherlebnis, halb ein Denken« (PU: 525) zu sein. Wenn man einen Bekannten in einer Menschenmenge erkennt – ist das ein »Sehen und Denken« oder ist es eine »Verschmelzung der beiden« (PU: 526), fragt Wittgenstein. Es gibt zahllose Arten des Aspekterlebnisses. (7:425) Bereits ein einfaches Dreieck auf dem Papier hat viele Aspekte: Es kann unter anderem »als dreieckiges Loch, als Körper, als geometrische Zeichnung; [...] als Berg, als Keil, als Pfeil oder Zeiger« (PU: 530) gesehen werden. Aus der Fülle der Beispiele wird deutlich, dass das Phänomen nicht auf unterschiedliches Interpretieren einer vermeintlich festen Wirklichkeit (etwa von Objekten) beschränkt werden kann; auch wenn spielende Kinder eine Kiste zum Haus erklären, sehen sie diese Kiste *als* Haus. (PU: 540) Und in der Kunst ist es sogar wesentlich, dass »das Bild, das Musikstück, etc., seinen Aspekt für mich wechseln kann« (7:431, vgl. 7:408 ff.). Das Aspekterlebnis kann sich mit jeder Wahrnehmung verbinden.

Im Aspektwechsel »kreuzen« sich (PU: 549) die Begriffe Sehen, Vorstellen, Denken, Deuten, Erleben, Erkennen und andere, sie zeigen sich als »verwandt« (7:314): »Wenn ich ihm mitteile: ›Ich sehe die Figur jetzt als ...‹, so mache ich ihm eine Mitteilung in mancher Beziehung *ähnlich* der einer Gesichtswahrnehmung, aber auch ähnlich der eines Auffassens, oder einer Deutung, oder eines Vergleiches oder eines Wissens.« (7:288)

Das »Sehen als« hebt den Vorstellungscharakter des Sehens, also das eben doch grundsätzliche Handlungsmoment am Sehen hervor (PU: 511); der Aspektwechsel hat eine Ähnlichkeit sowohl mit dem Sehen als auch mit dem Denken (7:302). Wittgenstein erkennt schließlich »die philosophische Wichtigkeit« des Aspekterlebnisses darin, dass sich bei seiner Beschreibung die Probleme, »den Sehbegriff betreffend«, »zuspitzen« (7:375): Er wird dadurch »modifiziert« (7:289).

Den Aspektwechsel zeichnet ein Moment aus, das zurückwirkt auf die philosophische Form des Aspekterlebnisses, ja des Sehens generell: »Dem Aspektwechsel wesentlich ist ein *Staunen*. Und Staunen ist Denken.« (7:423) Sehen ist – das ist die Folgerung – nicht fundamentaler als das »Sehen als«: Sehen selbst ist ein »Sehen als«, es ist »stetiges Sehen« eines Aspekts. (PU: 520) Es gibt nicht, heißt das, *das* Objekt, dem das Sehen »als solchem« korrespondiert; vielmehr handelt es sich um ein Wechselspiel, das zwischen Wahrnehmung und Wirklichkeit, zwischen Begriff und Tatsache stattfindet.

Während es Wittgenstein beim Begriff des Sehens um ein Problematisieren geht, zielt er beim Begriff des Wissens hauptsächlich auf eine Entmythologisierung des emphatischen philosophischen Wissensbegriffs: »Aber der philosophische Begriff ist aus dem landläufigen durch allerlei Mißverständnisse gewonnen worden und er befestigt diese Mißverständnisse.« (7:273) Im großen letzten Fragment *Über Gewißheit,* dessen gedankliche Verästelungen sich nur bei wiederholter Lektüre erschließen, vollendet sich die relativistische Erkenntnistheorie. Ein unscheinbarer Schlüsselsatz kann zugleich auf die frühe Destruktion der Metaphysik im *Tractatus* zurückbezogen werden: »Es ist, als ob das ›Ich weiß‹ keine metaphysische Betonung vertrüge.« (ÜG 482) Wittgenstein entmythologisiert Erkenntnis und Wissen, indem er es kulturanthropologisch wie geschichtlich auf das alltägliche Wissen als das die Menschen aktiv Verbindende zurückführt. Wenn es zu verantworten wäre, die 676 Bemerkungen von Wittgenstein im Fragment *Über Gewißheit* – deren letzte er zwei Tage vor seinem Tod, am 27. April 1951, notiert hat – in drei Sätzen zusammenzufassen, dann könnten sie lauten: 1. Es gibt kein objektives Wissen. 2. Wissen beruht auf Handeln. 3. Wissen bildet ein offenes und bewegliches System.

Für Wittgenstein gibt es kein objektives Wissen, auch kein naturwissenschaftliches[64], weil es keine letzte Begründung des Wissens gibt. Dass Wasser bei soundso viel Grad »kocht und nicht gefriert« (ÜG 558), mag ich als unzweifelhaft behaupten; »aber wenn einer die Existenz der Erde vor 150 Jahren bezweifelte, wäre ich vielleicht [...] bereit aufzuhorchen, denn nun bezweifelt er unser ganzes System der Evidenz. Es kommt mir nicht vor, als sei dies System sicherer als eine Sicherheit in ihm.« (ÜG 185)

Wie weit ich auch mit Begründungen und Erklärungen zurückgehe, ich komme zu keinem ersten, felsenfesten Ausgangspunkt: »Einmal muß man von der Erklärung auf die bloße Beschreibung kommen.« (ÜG 189) Diese bloße Beschreibung gibt an, wovon wir erkenntnistheoretisch wie -praktisch jeweils ausgehen. Die Suche nach dem objektiven Wissen ist der zum Scheitern verurteilte Versuch, statt am lebenspraktischen »Anfang anzufangen«, hinter ihn zurückzugehen, »weiter zurückzugehen«. Und dieser Versuch ist für Wittgenstein Schwäche; denn »es ist schwer am Anfang anzufangen« (ÜG 471).

Auch die Zuflucht zur Erfahrung führt nicht zum objektiven Wissen, weil sie trotz ihres unschätzbaren Nutzens nicht »der Grund für unser Urteilsspiel« (ÜG 131) ist. Wittgenstein

101

gibt ein kritisches Beispiel, das den ethnospezifischen Horizont jeder möglichen Erkenntnistheorie zeigt: »Menschen haben geurteilt, ein König könne Regen machen; *wir* sagen, dies widerspräche aller Erfahrung. Heute urteilt man, Aeroplan, Radio etc. seien Mittel zur Annäherung der Völker und Ausbreitung von Kultur.« (ÜG 132)

Gegen die Satzwahrheit setzt Wittgenstein die Handlungswahrheit des Sprachspiels; die abstrakten Sätze, »zu denen man, wie gebannt, wieder und wieder zurückgelangt, möchte ich aus der philosophischen Sprache ausmerzen« (ÜG 31).[65] Die Aufhebung der Satzwahrheit durch die Handlungswahrheit bedeutet das Ende der philosophischen »theoria« als Schau, als Sichtbarwerden der ewigen Wahrheit; Sprachspielevidenz steht gegen Satzevidenz: »Die Begründung [...], die Rechtfertigung der Evidenz kommt zu einem Ende; – das Ende aber ist nicht, daß uns gewisse Sätze unmittelbar als wahr einleuchten, also eine Art *Sehen* unsererseits, sondern unser *Handeln*, welches am Grunde des Sprachspiels liegt.« (ÜG 204)

Der »Grund« unseres Handelns ist »nicht *wahr*, noch falsch« (ÜG 205). Zum sicheren Handeln kommen wir lebensgeschichtlich zunächst durch das Lernen von Namen und das handelnde Umgehen mit den Dingen: »Ein Kind lernt nicht, daß es Bücher gibt, daß es Sessel gibt, etc. etc., sondern es lernt Bücher holen, sich auf Sessel setzen, etc.« (ÜG 476) Wissen steht grundsätzlich im Gebrauchszusammenhang, etwa folgender Art: »Wer gelernt hat, der Mont Blanc sei 4000 m hoch, wer es auf der Karte nachgeschaut hat, sagt nun, er *wisse* es.« (ÜG 170) Für Wittgenstein schrumpft auch der Unterschied zwischen »Sicherheit« und »Wissen«: Unser »unmittelbares Zugreifen«, zum Beispiel nach dem Handtuch, entspricht genau unserem Zugreifen »zum Namen eines Dinges« (ÜG 510f.) Die kürzeste Formel für die handlungstheoretische Begründung allen Wissens findet Wittgenstein in dem Satz: »Das Wissen gründet sich am Schluß auf der Anerkennung.« (ÜG 378)

Das Festmachen des Wissens an Praxis führt zu der Einsicht, dass Wissen nicht aus isolierbaren Einzelurteilen bestehen kann, sondern immer ein System ist, »worin sich Folgen und Prämissen *gegenseitig* stützen« (ÜG 142). Immer ist es »ein Ganzes von Urteilen« (ÜG 140), das uns einleuchtet. »Das, woran ich festhalte, ist nicht *ein* Satz, sondern ein Nest von Sätzen.« (ÜG 225) Unsere Urteile und Handlungen bilden unser jeweils wahres Bezugssystem. (ÜG 83) »Das System ist [...] das Lebenselement der Argumente.« »Alle Prüfung, alles Bekräften und Entkräften einer Annahme geschieht schon innerhalb eines Systems.« (ÜG 105) Dieses unvermeidliche System begrenzt uns also ebenso, wie es uns trägt. »Unser Wissen bildet ein großes System. Und nur in diesem System hat das Einzelne den Wert, den wir ihm beilegen.« (ÜG 410) Das System unseres Wissens nennt Wittgenstein auch »Gebäude«. (ÜG 102) Allerdings geht es dabei nicht mit den rechten Dingen klassischer Statik zu; denn bei diesem Gebäude trägt nicht mehr die »Grundmauer« vermeintlich letzter Be-Gründungen das Haus, vielmehr könnte man von *dieser* Grundmauer »beinahe sagen, sie werde vom ganzen Haus getragen« (ÜG 248).

Verwiesen werden kann hier nur darauf, dass der Zweifel eine neue, radikal anticartesianische Funktion bekommt: »Das Spiel des Zweifelns selber setzt schon Gewißheit voraus.« (ÜG 115) Urteilen kann ich überhaupt nur, wenn ich »irgendwo mit dem Nichtzweifeln« (ÜG 150, vgl. ÜG 354) anfange. So schwierig es ist, »die Grundlosigkeit unseres Glaubens« und Wissens einzusehen (ÜG 166), gilt für Wittgenstein doch: »Der Zweifel kommt *nach* dem Glauben.« (ÜG 160)

Die genaue Lektüre des Fragments *Über Gewißheit* zeigt, dass Wittgenstein mit seinen feinen Differenzierungen von Sicherheit und Gewissheit die tradierte Trennung von »subjektiv« und »objektiv« auflöst in ein gewissermaßen schwebendes Kontinuum aus vielen Formen und Graden des Wissens, der Sicherheit und Gewissheit. (ÜG 175 f., 386) Zwar ist meine

Gewissheit immer zunächst »meine eigene« (ÜG 174), aber das »Ich weiß« hat mehr als »subjektive Wahrheit« (ÜG 179). Dieses Mehr ist aber nichts Höheres; denn Glauben, Wissen, Gewissheit bilden einen Kreis: »Was ich weiß, das glaube ich.« (ÜG 177)

Wittgenstein setzt – das ist die unausweichliche Konsequenz – gegen jede Fixierung subjektiver wie objektiver Wahrheit die kollektive, kulturimmanente Wahrheit: »Wir sind dessen ganz sicher, heißt nicht nur, daß jeder Einzelne dessen gewiß ist, sondern, daß wir zu einer Gemeinschaft gehören, die durch Wissenschaft und Erziehung verbunden ist.« (ÜG 298)

Die kollektiv entwickelten (wie immer individuell realisierten) Sprachspiele erweisen sich als Basis: Nicht das Sprachspiel beruht auf Wissen, sondern alles Wissen beruht auf dem Sprachspiel. (ÜG 477) Der »Begriff des Wissens ist mit dem des Sprachspiels verkoppelt« (ÜG 560). Subjektive, objektive, kollektive Sicherheit liegen »im Wesen des Sprachspiels« (ÜG 457) als eines kulturellen Handelns. Ein Sprachspiel ist »nur möglich [...], wenn man sich auf etwas verläßt. (Ich habe nicht gesagt, ›auf etwas verlassen kann‹.)« (ÜG 509)

Wittgenstein zeigt die prozesshaft-veränderliche Einheit von praktischer und »kognitiver« Vergesellschaftung, die nicht logisch-wissenschaftlich herleitbar ist. Alle alltagspraktischen wie forschenden Sprachspiele sind eingebettet in eine »Lebensform« (ÜG 358), sie *sind* Lebensform, sie sind »jenseits von berechtigt und unberechtigt [...]; also gleichsam [...] etwas Animalisches« (ÜG 359). Jeder Versuch einer »letzten« Begründung stößt auf das »So handle ich.« (ÜG 148) Darin liegt auch die unerschöpfliche Möglichkeit der Spontaneität, ja Freiheit: »Du mußt bedenken, daß das Sprachspiel sozusagen etwas Unvorhersehbares ist. Ich meine: Es ist nicht begründet. Nicht vernünftig (oder unvernünftig). / Es steht da – wie unser Leben.« (ÜG 559)

Wittgenstein, der schon früher einmal von der »Ähnlichkeit meiner Betrachtung mit der Relativitätstheorie« (6:330) gesprochen hat, notiert im Fragment *Über Gewißheit* an unscheinbarer Stelle: »Hier ist *wieder* ein Schritt nötig ähnlich dem der Relativitätstheorie.« (ÜG 305) Er ist – das kann hier nur angedeutet werden – diesen Schritt konsequent gegangen. Er hat diesen Weg begonnen, als er den Initialsatz der allgemeinen Bildtheorie des *Tractatus* formuliert hat: »Wir machen uns Bilder der Tatsachen.« (T 2.1) Am Ende dieses Weges steht die Erkenntnis, dass auch die Sprache der Sinneseindrücke, »wie jede andere, auf Übereinkunft« (PU 355) beruht. Wenn es in der allgemeinen Relativitätstheorie um die Abhängigkeit der »zeitlichen Ordnung von Vorgängen von ihrer räumlichen Anordnung, d. h. von dem Ort, an dem sie stattfinden«[66], geht, dann denkt die relativistische Erkenntnistheorie die wechselseitige Abhängigkeit von Tatsache und Begriff, Wirklichkeit und Sprache, Handlungsform und Zeichenform. (Z 350 ff.) Ohne irgendeine Gefahr des Agnostizismus liegt für Wittgenstein in jedem Begriff »eine Unbestimmtheit«, weil er »von einem Lebensmuster abhängig ist« (7:329). Und wieder lässt sich eine späte Formulierung von Wittgenstein auf eine sehr frühe (von 1915) zurückbeziehen, wo er programmatisch sagt: »Meine Methode ist es nicht, das Harte vom Weichen zu scheiden, sondern die Härte des Weichen zu sehen.« (1:135) Wenn in der zeitgenössischen Schulphilosophie zum relativistischen Denken Wittgensteins gleichsam händeringend gefragt wird: »Hängt dann nicht alles in der Luft?«[67], so kann man sich als lakonische Antwort Wittgensteins denken: Ja, es hängt alles in der Luft. Aber es fällt nicht herunter. Denn es gibt kein Oben und Unten. Wittgensteins Relativismus ist kein subjektivistischer, sondern die Behauptung eines objektiven Relativismus allen Sehens, Wissens, Glaubens, Erkennens, jeder »Lebensform«. »Deutung« und »Gepflogenheit«, also Erkenntnispraxis, bedingen sich wechselseitig. Wie es in der allgemeinen Relativitätstheorie keine objektive Zeit, sondern Systemzeit gibt, so negiert Wittgenstein absolute metaphysische Wahrheit zugunsten von Wahrheit im je kulturspezifisch integrierten System von Handeln, Erkennen usw. Die durchgängige Analogie zwischen Wittgensteins philosophischer Methode und der allgemeinen Relativitätstheorie liegt darin, dass sie die menschlichen Messmethoden wie Wörter, Sätze, Sprache, Sprachspiele, Zeichensysteme jeder Art reflektiert. Nicht Objekte, Gegenstände sind das Untersuchungsfeld, sondern die Beziehung aller nur denkbaren Lebensformen (seien sie praktisch oder »mental«) zueinander.

Zum Inhalt unserer Erkenntnis gehört die Form der Begriffe, mit denen wir die Welt erkennen. Die Sprachspiele sind deshalb gleichzeitig Praxisform wie Erkenntnisinstrumente. Dass es »das vorstellende Subjekt« (1:175) im emphatischen Sinne nicht gibt, bedeutet weder, dass der »Beobachter« die Realität »bestimmt«, noch, dass er »der« Realität nur nachvollziehend gegenübersteht. Er ist nicht das passive »Auge«, in das das Licht fällt. Wittgenstein zieht erkenntnistheoretisch die Konsequenz aus dem Ergebnis der modernen Physik, dass »die vier Grundbegriffe Raum, Zeit, Substanz, Kausalität [...] erschüttert werden«[68].

Die Destruktion allen voraussetzungslosen Wissens meint das Ende eines vermeintlichen Nullpunktes der Erkenntnis. Wenn Wittgenstein von unserem »System des Wissens« (ÜG 286) spricht, meint er *unser* System.

Die Reflexion des Aspektsehens dient Wittgenstein als Methode: Wir haben gleichsam kein »absolutes Gehör«, keine »objektive« Wahrnehmung, aber wir hören klar den »Wechsel der Tonart« (7:185). Jedes Weltbild ist »der überkommene Hintergrund« (ÜG 94) aller denkbaren Erkenntnis. Die »Sätze« jedes Weltbilds bilden »eine Art Mythologie« (ÜG 95), besser: Mythologie aus erstarrten *und* flüssigen Sätzen. Entscheidendes Kriterium jeder Weltbild-Mythologie ist ihre Veränderbarkeit, die sich der Tatsache verdankt, dass sie sich auf einem beweglichen Grund gebildet hat: »Die Mythologie kann wieder in Fluß geraten, das Flußbett der Gedanken sich verschieben. Aber ich unterscheide zwischen der Bewegung des Wassers im Flußbett und der Verschiebung dieses; obwohl es eine scharfe Trennung der beiden nicht gibt.« (ÜG 97)

Für die Erkenntnistheorie gilt also Analoges wie für jede Kulturtheorie: Teilweise Bewegliches bewegt sich in teilweise Beweglichem.

»Sieh' die Dinge *so* an!«

»Das Sprachspiel«, »Der Satz«, »Die Sprache«: Mit diesen drei Titeln sollten wesentliche Perspektiven bezeichnet werden; die *spätere* Behandlung des früher liegenden Satz-Problems sollte zugleich auf die – immer noch nicht allgemein bekannte – *Einheit* des großen Lebenswerks[69] von Wittgenstein hinweisen, die es möglich macht, diesen Philosophen trotz aller Entwicklung »quer« zu lesen, früheste Texte auf späteste zu beziehen. Allerdings folgt daraus auch, dass es für eine Wittgenstein-Lektüre kein Ende gibt. Sprachphilosophie, Logik, Philosophie, Wahrnehmungstheorie und Ästhetik sind hier untrennbar verwoben – jenseits jeder »Nostalgie der Totalität«[70].

Auch in diesem abschließenden Kapitel »Die Sprache« konnte und sollte keine Bilanz gezogen werden; denn sich wirklich auf Wittgenstein einzulassen heißt, immer neu nachzuvollziehen, was er über sein Werk geschrieben hat: »Jeder Satz, den ich schreibe, meint immer schon das Ganze, also immer wieder dasselbe, und es sind gleichsam nur Ansichten eines Gegenstandes unter verschiedenen Winkeln betrachtet.« (VB: 459)

Zwar lässt sich »die Sprache« als das Zentrum benennen, um das Wittgenstein mit seinen zahllosen »Bemerkungen« kreist; aber es wäre hinzuweisen auf die semiotische Perspektive, dass »Sprache« als Integral aller humanen Zeichenproduktions- und Zeichenreproduktionsformen zu verstehen ist, das heißt, dass Wittgenstein mit zunehmender Deutlichkeit jeden Begriff eines »Wesens der Sprache« (PU 92) abgelehnt hat. Menschliche »Sprache«, verstanden als kulturbildendes Zeichenhandeln, ist zu vielfältig, als dass man sie definieren könnte: »›Sprache‹, das sind doch die Sprachen. Auch solche, die ich nach Analogie bestehender erfinde.« (PG: 170) Weil die Wortsprache »nur eine unter vielen möglichen Arten der Sprache« ist, ist Sprache ein »Sammelname«.[71]

Wittgensteins Sprachbegriff ist – vom *Tractatus* an, wo er von »Zeichensprache«[72] spricht – semiotisch. Er zielt immer auf den Vergleich, das »Zusammenspiel« (7:156) aller Formen von Semiose: Blick, Geste, Wort, Satz, Sprachspiel, Sprache. Für diese semiotische Denkweise gibt es keine Naturzeichen (PU 508), ja keine »primären Zeichen« (PG: 88ff.), selbst die Sprache der Sinneseindrücke beruht auf Übereinkunft (PU 356). Ein einzelnes Zeichen für sich wäre »tot« (PU 432), erst das Sprachspiel jeder Form ist »das Primäre« (PU 656). Dieses Primäre ist gerade kein Eigentliches (PU 105), gesprochene und ungesprochene Gebärden begründen sich wechselseitig (7:357), die »Praxis der Sprache« (ÜG 501) bildet ein riesiges semiotisches Kontinuum, ein System aus Systemen, für das gilt: »Die gemeinsame menschliche Handlungsweise ist das Bezugssystem.« (PU 206) Daraus ergibt sich klar, wie sich die relativistische Erkenntnistheorie von Wittgenstein mit der philosophischen Semiotik verschränkt: Das »Studium der Zeichensprache« korrespondiert dem »Studium der Denkprozesse« (T 4.1121), ja dem Studium aller Wahrnehmungs- und Erkenntnisprozesse.

Als philosophischer Semiotiker reflektiert Wittgenstein das »komplizierte Netz von Ähnlichkeiten« (PU 66) aller Zeichenformen und damit jeder kulturellen Praxis. Eine frühe Frage lässt sich vom Spätwerk her beantworten: »Wie, wenn unsere Zeichen ebenso unbestimmt wären, wie die Welt, welche sie spiegeln?« (1:106) Unsere Zeichen *sind* ebenso unbestimmt wie die Welt, welche sie spiegeln; aber diese Unbestimmtheit macht sie gerade brauchbar, und die uns zugängliche Welt ist kein Phantom. Die digitalen Zeichen unserer Schriftkultur (inklusive Mathematik) täuschen Eindeutigkeit vor. Es gibt keine fest begrenzten Begriffe; doch eben unsere unbestimmten Begriffe sind kulturimmanent »die festen Schienen, auf denen all unser Denken verläuft, und also nach ihm auch unser Urteilen und Handeln« (Z 374f.). Ohne die Tatsachen der Welt zu leugnen, besteht Wittgenstein darauf, dass Tatsachen für den Menschen letztlich immer kulturelle Tatsachen sind. (Z 350, ÜG 63–65)

Die säkulare Pointe der Philosophie Wittgensteins liegt darin, dass sie *als* »Sprach«-Philosophie, als philosophische Semiotik Kulturtheorie jenseits des Logozentrismus ist. Jürgen Habermas hat recht mit der Feststellung, dass Wittgenstein weder einen Sprachtranszendentalismus noch einen Sprachempirismus noch einen Sprachkonstruktivismus vertritt.[73] Auch ist die kulturspezifische Praxis als »kommunikative Lebensform« von der sich immer verändernden »Grammatik der Sprachspiele abhängig«[74]. Aber Habermas verfehlt die philosophische Radikalität, ja die metarationalistische Denkleistung Wittgensteins, indem er einer von Wittgenstein weder geleisteten noch gewollten »Universalpragmatik«, einem festen »handlungstheoretischen Begriffsrahmen« und »universellen Regelsystem«[75] nachtrauert.

Man muss wohl eine so kritische Einstellung zur westlichen Kultur und zur abendländischen Wissenschaft[76] haben wie Wittgenstein, man muss vielleicht ein ganz anderes »Kulturideal« (VB: 453) haben, um sich von der alten universellen Einheitswelt verabschieden zu können. Gegen jedes Allgemeine setzt Wittgenstein die Feststellung des jeweils Gegebenen, eine Feststellung, die gerade deshalb zur Relativierung und Veränderung im Denken und Leben führen kann, weil sie bedenkt, was kulturspezifisch je der Fall ist: »Das Hinzunehmende, Gegebene – könnte man sagen – seien *Lebensformen.*« (PU: 572) Dieser Satz ist erkenntnistheoretisch zu interpretieren, nicht moralisch-politisch. Lebensformen sind jederzeit veränderbare »Tatsachen des Lebens«

(7:122), und gerade für radikale Kulturkritiker ist dieser viel zitierte Satz kein Stein des Anstoßes.

Wittgensteins Sprachspieldenken führt ihn zu zahllosen Sätzen, die das Schlüsselwort »so« enthalten, beispielsweise: »*So* denken wir. *So* handeln wir. *So* reden wir darüber.« (Z 309) Damit signalisiert er immer wieder seine Überzeugung, dass es keine Letztbegründung für das Sprachspiel gibt. Gerade weil es etwas »Unvorhersehbares« ist, steht das Sprachspiel »da – wie unser Leben« (ÜG 559). Das »So« des späten Wittgenstein ist eine mehrdeutige Chiffre. Als antipositivistische Feststellung der Relativität von Wahrnehmung, Erkenntnis, Praxis, Gegebenheit ist es zunächst konstatierender Erkenntnisgewinn.[77] Daraus wird philosophische Haltung, wenn Wittgenstein formuliert: »Der Philosoph sagt ›Sieh' die Dinge *so* an!‹«[78]

Jedoch erschöpft sich die Bedeutung des späten »So« nicht im Konstatieren und im Auffordern: Es gibt auch und zentral an, dass wir mehr nicht sagen, beschreiben, aussprechen können, und damit zeigt es sich als die späte Ausformung des »Unaussprechlichen« des *Tractatus*, das sich als das Mystische zeigt. (T 6.522) Gegen die Mehrheit der Interpreten, die die philosophische Bedeutsamkeit des »Unsagbaren« schon bei der Auslegung des *Tractatus* zu unterschlagen pflegen, ist festzuhalten: Zwar redet Wittgenstein seit dem Haupt-Satz 7 des *Tractatus* – »Wovon man nicht sprechen kann, darüber muß man schweigen« – nicht mehr über das Schweigen. Er argumentiert jedoch lebenslang gegen den logischen wie metaphysischen »Unsinn« und er hat das Konzept der Nichtbeschreibbarkeit des »Sinns der Welt« (T 6.41) nie aufgegeben. Immer noch »bedeutet« die Philosophie »das Unsagbare«, »indem sie das Sagbare klar darstellt« (T 4.115, vgl. ÜG 501). Doch *zeigt* sich nun das Unaussprechliche durch dieses »So«. Antimetaphysisch hat Wittgenstein im *Tractatus* formuliert: »Nicht *wie* die Welt ist, ist das Mystische, sondern *daß* sie ist.« (T 6.44) Er hat das philosophische Staunen noch zusammengedacht mit dem Sein der Welt.

Demgegenüber führt das mystische »So« des späten Wittgenstein in ein Staunen, bei dem die unübersehbare Vielfalt und Offenheit der Sprachspiele akzentuiert wird.

Die Transformation vom frühen »Dass« zum späten »So« ließe sich ausdrücken in der Formel: *Dass* die Welt so ist, ist das Unaussprechliche. Indem uns Wittgenstein in das Sprachspieluniversum, das die Bedingungen wie die Grenze unseres Handelns und Erkennens bildet, geführt hat, konnte er durch die Verwendung des ruhigen »So« auf Begriffe wie »mystisch« oder »unaussprechlich« verzichten. Es ist ihm gelungen, jedes philosophische Pathos hinter sich zu lassen.[79] Das »So« ist damit zur späten Form geworden, in der sich das Schweigen als Tätigkeit ausdrückt. Der späte Wittgenstein hat im Unaussprechbaren den Hintergrund gesehen, »auf dem das, was ich aussprechen konnte, Bedeutung bekommt« (VB: 472). Er hat das Unaussprechliche ausgespart im Vertrauen darauf, dass es hinter der vermeintlichen Trivialität des philosophisch Sagbaren zur Erscheinung kommt und verstanden wird.

Zu verstehen gilt es damit zugleich, dass diese Form des »Realismus« (6:325) die Veränderung der Welt vordenkt in der Utopie des Endes der alten Philosophie, in der Zerstörung des »Nimbus« des Denkens (PU 97), in der Auflösung szientistischer Exaktheitsverkrampfung, positiv in der Vision einer neuen gesellschaftlichen Lebenspraxis, die zur Folge hätte, dass sich die Menschen im »Labyrinth« (PU 203) der »alten Stadt« (PU 18) überall auskennten. In der philosophischen Aufforderung »Sieh die Dinge *so* an!« steckt der Impuls zur »Änderung der Anschauung«, ja zur »Veränderung der Lebensweise«.[80] Die Folge wäre eine Einheit von Leben, Denken und »Lebensfreude« (VB: 480). Wittgensteins lebenslange Zurückhaltung im Hinblick auf die Formulierung gesellschaftlich-praktischer Ziele ändert nichts an seiner ihn tragenden Hoffnung, die er noch 1947 so ausgedrückt hat: »Einmal wird vielleicht aus dieser Zivilisation eine Kultur entspringen.« (VB: 541)

Zur Wittgenstein-Lektüre

Wittgenstein hat, als er 1929 seine philosophische Arbeit wieder aufnahm, versucht, ein durchgängig diskursives Werk zu schreiben, bis er – »nach manchen mißglückten Versuchen« (PU: 231) – erkannte, dass dies seiner Methode des Denkens nicht entspricht. Nun bekannte er sich zu seinen »Landschaftsskizzen«, die er zu einem »Album« anordnete. Daraus folgt, dass ein ergebnisfixierter Verstehensprozess den Nachlasstexten nicht gerecht würde. Aus Wittgensteins dezidiert offenem Denken ist kein Lehrgebäude zu zimmern. Es ist daher legitim, wenn der Leser beispielsweise die ersten 155 Texte der *Philosophischen Untersuchungen* studiert und dann exemplarisch lesend und auswählend fortfährt.

Zugleich gehört es zum Verständnis der modifizierten Einheit des Lebenswerks, zum *Tractatus* zurückzukehren und zu bedenken, was am Konzept geblieben ist: die (erweiterte) Bildtheorie und die grundlegende Unterscheidung von sagen und zeigen (während Wittgenstein den sogenannten Atomismus, das Thema des Elementarsatzes wie den logischen Formalismus aufgegeben hat.)

Der *Tractatus* ist ein kleines Buch, von dem man sich wie von einem Brevier lange Zeit begleiten lassen kann. Für sein Verständnis braucht man aber auch die Hilfe der Sekundärliteratur, obwohl dabei infolge ihrer Widersprüchlichkeit, ganz zu schweigen von philosophischen Verkürzungen, Verwirrung nicht zu vermeiden ist. Ein Ende der Interpretation ist heute nicht absehbar.

Bei den *Philosophischen Untersuchungen* und ihrer literarischen, nicht fachsprachlichen Schreibweise stellt sich die Frage, ob die oft empfohlenen Kommentare tatsächlich weiterhelfen oder vielleicht eher ablenken und zu einer irrtümlichen Systematisierung führen, zum Versuch, vom genauen offenen Denken wieder zurückzukehren zur Suche nach einem System. Die hohe literarische Qualität macht vielleicht Kommentare überflüssig, von Einzelfragen abgesehen; denn es kommt nicht nur auf das Begriffliche an. Der späte Wittgenstein will in Textgruppen gelesen werden. Das Bild der Landschaftsskizzen ist ernst zu nehmen.

Eine Möglichkeit, mit der Lektüre zu beginnen, ist es, die letzten Fragmente, die unter dem Titel *Über Gewißheit* veröffentlicht wurden, meditationsartig zu lesen. Sie sind so radikal wie einfach.

Zu bezweifeln ist hingegen, dass die Lektüre der oft empfohlenen, aber von Wittgenstein aufgegebenen Übergangswerke *Das Blaue Buch* und *Das Braune Buch* für den Einstieg sinnvoll ist.

Anmerkungen

1 Vorwort zum Tractatus (1:9); vgl. PU 38, 109, 123, 125, 308, 314.

2 Ein anderes häufiges Bild bei Wittgenstein, vgl. 8:543.

3 Vgl. 8:474, 529, 563.

4 M. Nedo / M. Ranchetti (Hg.), Ludwig Wittgenstein. Sein Leben in Bildern und Texten, Frankfurt/M. 1983, S. 307.

5 K. Wuchterl, Struktur und Sprachspiel, Frankfurt/M. 1969, S. 1.

6 Vgl. 3:103 ff., 119, 131 ff., 150 ff., 163, 170. Und PG 49 ff., 63, 68, 77, 116, 172, 192, 289.

7 Während sich der *Tractatus* eher für logisch Vorgebildete empfiehlt, dürfte das späte Fragment *Über Gewißheit* (in WA 8) die beste Lektüreempfehlung für den Anfang sein.

8 Vgl. zum Beispiel PG: 57, 63, 67.

9 The Wittgenstein Papers, Ithaca / N. Y. 1968, Mikrofilm 22, Nr. 4, ca. 1936 (Universitätsbibliothek Essen).

10 Vgl. H. L. Finch, Wittgenstein. The Later Philosophy, Atlantic Highlands 1977, S. 81 ff.

11 Schrägstriche (/) bedeuten einen Absatz im Text von Wittgenstein.

12 Noam Chomsky, geb. 1928, hat die generative Transformationsgrammatik entwickelt.

13 N. Chomsky, Syntactic Structures, Den Haag 1957, S. 11.

14 Dies festzuhalten bedeutet allerdings keineswegs, dass die Psycholinguistik nicht von Wittgenstein zu lernen hätte, angefangen bei seinem vermeintlich anstößigen Begriff der »Abrichtung«. Vgl. Z 419; 6:333 und 335; PU 441 und Register in PU.

15 Vgl. 2:94; 6:142; PU 307 f.

16 Zum Beispiel: »Die Bedeutung ist die Rolle, die das Wort im Kalkül spielt.« (PG: 63)

17 J. Habermas, Der philosophische Diskurs der Moderne. Zwölf Vorlesungen, Frankfurt/M. 1985, S. 233.

18 Vgl. zur Geldmetaphorik auch: 6:95 und PU 584.

19 Wittgenstein hat mögliche Missverständnisse geahnt: »Mein Buch könnte auch heißen: Philosophische Grammatik. Dieser Titel hätte zwar den Geruch eines Lehrbuchtitels, aber das macht ja nichts, da das Buch hinter ihm steht.« (PG: 487)

20 Vgl. zum Beispiel PU 20, 21, 525, 558, S. 514.

21 Vgl. PU 150, 182, 187, 199, 257, 339, 492, 660, S. 325, S. 517.

22 Vgl. den heutigen wissenschaftstheoretischen Kompromiss, die Umgangssprache sei die »höchste Metasprache«.

23 Beispiele dafür finden sich in PU 54.

24 Vgl. 6:353 und 392. Wittgenstein geht so weit, dies auch auf die Logik selbst anzuwenden: »Die Übereinstimmung der Menschen, die eine Voraussetzung des Phänomens der Logik ist, ist nicht eine Übereinstimmung der *Meinungen*, geschweige denn von Meinungen über die Fragen der Logik.« (6:353) Dadurch wird die Logik selbst zum *Sprachspiel*: »Die Regeln des logischen Schließens sind Regeln des Sprachspiels.« (6:401)

25 Vgl. vor allem PU 243, 256, 259, 261, 269, 275.

26 In diesen Zusammenhang gehören zwei Fragen Wittgensteins, die vor allem für Marxisten interessant sind: »Kann einer allein Handel treiben?« »Könnten zwei Menschen miteinander Handel treiben?« (6:349 f.)

27 Zit. nach: A. Kenny, Wittgenstein über Philosophie, in: Ludwig Wittgenstein, Schriften. Beiheft 3: Wittgensteins geistige Erscheinung, Frankfurt/M. 1979, S. 13.

28 Ebenda, S. 16.

29 Die »allgemeine Satzform« (»Es verhält sich soundso«) ist daher für den späteren Wittgenstein nicht falsch, sondern relativ bedeutungslos geworden. (Vgl. T 4.5; PU 134, 136; ÜG 320 f.)

30 Die Metapher des »Maßstabs« wird später von der des »Vergleichsobjekts« abgelöst. (PU 130)

31 Vgl. N. Malcolm, Ludwig Wittgenstein, Oxford 1984, S. 70.

32 Umgekehrt sind alle Nur-Logiker bisher am philosophischen Gehalt des Werks gescheitert.

33 Wittgenstein hat es selbst bereits 1915 kritisiert (1:143).

34 K. Wuchterl, Struktur und Sprachspiel, a. a. O., S. 25 f.

35 P. Kampits, Ludwig Wittgenstein. Wege und Umwege zu seinem Denken, Graz 1985, S. 54.

36 Vgl. die Darstellung von: A. Kenny, Wittgenstein, Frankfurt/M. 1974, S. 70 ff.

37 Ebenda, S. 74

38 Dass dieses Theorem zugleich die Grundlegung einer abstrakten oder philosophischen Semiotik bildet, kann hier nicht ausgeführt werden.

39 Vgl. die häufige »Wir«-Form im *Tractatus*, z. B. 3.03, 5.61.

40 J.-F. Lyotard, »Nach« Wittgenstein, in: ders., Grabmal des Intellektuellen, Wien 1985, S. 71.

41 A. Kenny, Wittgenstein, a. a. O., S. 75.

42 Trotz der *semiotisch* wichtigen Theoreme des »Elementarsatzes« und der »allgemeinen Satzform« kann hier auf ihre Darstellung aus dem einzigen Grund verzichtet werden, dass Wittgenstein diese Konzepte später aufgab. Gegen die vermeintliche Unerlässlichkeit dieser »atomistischen« Theoreme ebenso wie der Theorie der Wahrheitsfunktionen sei das Faktum gesetzt, dass eine Mehrheit der Wittgenstein-Interpreten immer noch die philosophische Bedeutung der Unterscheidung des Sagbaren vom Unaussprechlichen unterschlägt.

43 Vgl. K. Wuchterl, Struktur und Sprachspiel, a. a. O., S. 46.

44 H. Fahrenbach, Die logisch-hermeneutische Problemstellung in Wittgensteins »Tractatus«, in: R. Bubner u. a. (Hg.), Hermeneutik und Dialektik, Bd. II, Tübingen 1970, S. 44.

45 Aus der allgemeinen Bildtheorie im Zusammenhang mit allen Aussagen über »Zeichen« und »Zeichensprache« (womit Wittgenstein nur an einigen Stellen die bloße »Notation« meint) ergibt sich eine Relevanz des *Tractatus* für die Grundlegung einer philosophischen Semiotik, die noch kaum erkannt wurde.

46 Vgl. K. Wuchterl, Struktur und Sprachspiel, a. a. O., S. 83 f.

47 Vgl. A. Janik / S. Toulmin, Wittgensteins Wien, München 1984, S. 259 ff.

48 Vgl. die späten *Bemerkungen über die Farbe* (8:7 ff.).

49 L. Wittgenstein, Bemerkungen über Frazers »The Golden Bough«, in: R. Wiggershaus (Hg.), Sprachanalyse und Soziologie. Die sozialwissenschaftliche Relevanz von Wittgensteins Sprachphilosophie, Frankfurt/M. 1975, S. 37–57.

50 Dabei wird durch den Kontext deutlich, dass Wittgenstein – wie so oft – einen Begriff (hier »Geste«) sowohl wörtlich als auch metaphorisch verwendet, vgl. Z 451.

51 L. Wittgenstein, Bemerkungen über Frazers »The Golden Bough«, a. a. O., S. 46.

52 Einige weitere Stellen: Z 159, 165, 173; VB: 464, 521, 522f., 548ff.

53 Schon im *Tractatus* heißt es: »Kein Zeichen, welches allein, selbständig eine Bedeutung hat.« (T 3.261) Erst in der Anwendung bekommt ein Zeichen Sinn: »Nur im Zusammenhang des Satzes hat ein Name [= Urzeichen, T 3.26] Bedeutung.« (T 3.3)

54 Es beherrscht noch die Linguistik Saussures; vgl. J. Derrida, Positionen, Graz 1986, S. 56ff.

55 Vgl. 3:209f.; PG: 63, 190, 313; PU 28, 362, 370, 380; Z 443; 7:84.

56 D. Böhler, Wittgenstein und Augustinus. Transzendentalpragmatische Kritik der Bezeichnungstheorie der Sprache und des methodischen Solipsismus, in: A. Eschbach / J. Trabant (Hg.), History of Semiotics, Amsterdam 1983, S. 361.

57 Vgl. D. L. Philips, Wittgenstein and Scientific Knowledge. A Sociological Perspective, London 1979, S. 90.

58 Zit. nach: A. Kenny, Wittgenstein über Philosophie, a. a. O., S. 16. Vgl. auch PG: 164.

59 K. Marx, Das Kapital. Kritik der politischen Ökonomie, Bd. 1, Berlin (Ost) 1965, S. 97.

60 Einige Beispiele: PU 130, 133, 136, 194, 217, 219, 224, 225, 228, 297, 308, 309.

61 Vgl. R. Rorty, Der Spiegel der Natur. Eine Kritik der Philosophie, Frankfurt/M. 1984, S. 398.

62 61 Dass und inwiefern diese zweite Erkenntnistheorie von Wittgenstein die erste nicht entkräftet, sondern eher erfüllt, kann in der kurzen Skizze nicht diskutiert werden.

63 Spektrum der Wissenschaft, 11/1986, S. 70.

64 Vgl. ÜG 191, 194, 197, 273, 275, 336, 404.

65 Wie ÜG 35 zeigt, handelt es sich immer noch um die unsinnigen Scheinsätze der Art »Es gibt Gegenstände«, die Wittgenstein schon im *Tractatus* (4.1272) gekennzeichnet hatte.

66 W. Heisenberg, Physik und Philosophie, Frankfurt/M. 1973, S. 104.

67 W. Stegmüller, Hauptströmungen der Gegenwartsphilosophie, Bd. 1, 8. Aufl., Stuttgart 1978, S. 696.

68 A. Wenzl, Die philosophischen Grenzfragen der modernen Naturwissenschaft, Stuttgart 1960, S. 19.

69 Siehe aber z. B. J. Zimmermann, Wittgensteins sprachphilosophische Hermeneutik, Frankfurt/M. 1975; J. M. Terricabras, Ludwig Wittgenstein. Kommentar und Interpretation, Freiburg 1978;

U. Majer, Hertz, Wittgenstein und der Wiener Kreis, in: H.-J. Dahms (Hg.), Philosophie, Wissenschaft, Aufklärung. Beiträge zur Geschichte des Wiener Kreises, Berlin 1985; A. Kenny, The Legacy of Wittgenstein, Oxford 1986; G. H. von Wright, Wittgenstein, Frankfurt/M. 1986; M. Geier, Das Sprachspiel der Philosophen. Von Parmenides bis Wittgenstein, Reinbek 1989.

70 E. Levinas, Ethik und Unendlichkeit, Graz 1986, S. 58.

71 PG: 93, 190; Z 322.

72 Vgl. T 4.1121, 4.5, 5.4 im Unterschied zu Stellen, die sich auf das logische Notationssystem beziehen, wie T 3.325, 3.343, 5.474, 5.475.

73 J. Habermas, Sprachspiel, Intention und Bedeutung. Zu Motiven bei Sellars und Wittgenstein, in: R. Wiggershaus (Hg.), Sprachanalyse und Soziologie. Die sozialwissenschaftliche Relevanz von Wittgensteins Sprachphilosophie, Frankfurt/M. 1975, S. 337.

74 Ebenda, S. 338.

75 Ebenda, S. 338, 339, 337.

76 Vgl. zum Beispiel: VB: 458 ff., 518, 536, 538 f., 563; 7:453.

77 Vgl. PU 71, 180, 217; 6:61; ÜG 148, 294. Dagegen ist das »So« des frühen Wittgenstein pathetisch: 1:148, T 4.5.

78 VB: 537. Vgl. PU: 534; 7:173 f.

79 Dabei ist die Entdeckung und erkenntnistheoretische Ausarbeitung des Aspektsehens, des »So-Sehens« (7:179), gewissermaßen die Form der Einübung des mystischen So. Vgl. PU: 543, 551; 7:174, 425.

80 VB: 537. Vgl. 6:132 mit der Vision, dass die vom »Gebrauch des Wagens« durch »Krankheiten« geplagte Menschheit sich »das Fahren wieder abgewöhnen« könnte.

Zitierweise und Siglen

Zitiert wird grundsätzlich nach der *Werkausgabe in 8 Bänden*, Frankfurt/M. 1984. Zahlen vor einem Doppelpunkt bedeuten die Bandzahl der Werkausgabe (z. B. 7:470). Die Werkausgabe wird also ohne Sigle zitiert.

Zahlen nach Abkürzungen bedeuten Textnummern (z. B. PU 570).

Zahlen nach einem Doppelpunkt bedeuten Seitenzahlen (z. B. PU: 570).

Br	Briefe
PB	Philosophische Bemerkungen
PG	Philosophische Grammatik
PU	Philosophische Untersuchungen
T	Tractatus logico-philosophicus
ÜG	Über Gewißheit
VB	Vermischte Bemerkungen
Z	Zettel

Kommentierte Bibliografie

1. Schriften von Wittgenstein

Werkausgabe in 8 Bänden, Frankfurt/M. 1984:
Band 1: Tractatus logico-philosophicus. Tagebücher 1914–1916.
      Philosophische Untersuchungen.
Band 2: Philosophische Bemerkungen.
Band 3: Wittgenstein und der Wiener Kreis.
Band 4: Philosophische Grammatik.
Band 5: Das Blaue Buch. Eine philosophische Betrachtung
      (Das Braune Buch).
Band 6: Bemerkungen über die Grundlagen der Mathematik.
Band 7: Bemerkungen über die Philosophie der Psychologie.
      Letzte Schriften über die Philosophie der Psychologie.
Band 8: Bemerkungen über die Farben. Über Gewißheit. Zettel.
      Vermischte Bemerkungen.

Wiener Ausgabe, hg. von Nedo, M., Wien / New York 1994 ff.

Some Remarks on Logical Form (1929), in: Proceedings of the Aristotelian Society 9/1929.
A Lecture on Ethics (1929), in: The Philosophical Review 74/1965.
Bemerkungen über Frazers »The Golden Bough« (1931 und später), in: R. Wiggershaus (Hg.), Sprachanalyse und Soziologie. Die sozialwissenschaftliche Relevanz von Wittgensteins Sprachphilosophie, Frankfurt/M. 1975, S. 37–57.
Notes for Lectures on »Private Experience« and »Sense Data« (1935/36), in: The Philosophical Review 77/1968.
Briefe. Briefwechsel mit B. Russell u. a., Frankfurt/M. 1980.
Letzte Schriften über die Philosophie der Psychologie (1949–1951). Das Innere und das Äußere, hg. von G. H. von Wright / H. Nyman, Frankfurt/M. 1993.
Vermischte Bemerkungen. Eine Auswahl aus dem Nachlaß, hg. von G. H. von Wright, neu bearb. von A. Pichler, Frankfurt/M. 1994.

Vorlesungen 1930–1935, hg. von D. Lee / A. Ambrose und M. Macdonald, Frankfurt/M. 1984.

Vorlesungen über die Philosophie der Psychologie 1946/47, hg. von P. Th. Geach, Frankfurt/M. 1991.

Vortrag über Ethik und andere kleine Schriften, hg. und übers. von J. Schulte, Frankfurt/M. 1989.

Wittgensteins Vorlesungen über die Grundlagen der Mathematik (1939), hg. von C. Diamond, Frankfurt/M. 1978.

2. Leben, Nachlass, Bibliografien

Engelmann, P., Ludwig Wittgenstein. Briefe und Begegnungen, München 1970.

Katalog: Wittgenstein. Biographie, Philosophie, Praxis, AUSSTELLUNG WIENER SECESSION 1989.

Keicher, P., Das Gesamtwerk Wittgensteins von den Anfängen bis 1944, Mikrofiche-Ausgabe, 2002.

Malcolm, N., Erinnerungen an Wittgenstein, Frankfurt/M. 1987.

McGuinness, B., Wittgensteins frühe Jahre, Frankfurt/M. 1992.

Monk, R., Wittgenstein. Das Handwerk des Genies, Stuttgart 1994.

Nedo, M. / Ranchetti, M. (Hg.), Ludwig Wittgenstein. Sein Leben in Bildern und Texten, Frankfurt/M. 1983.

Philipp, P., Bibliographie zur Wittgenstein-Literatur, Bergen 1996.

Rhees, R. (Hg.), Ludwig Wittgenstein. Porträts und Gespräche, Frankfurt/M. 1987.

Schulte, J., Ludwig Wittgenstein, Suhrkamp Basis-Biographie, Frankfurt/M. 2005.

Somavilla, I. (Hg.), Ludwig Wittgenstein. Denkbewegungen. Tagebücher 1930–1932, 1936–1937, Frankfurt/M. 1999.

The Wittgenstein Papers, Mikrofilm, Ithaca / N. Y., Cornell University. (Universitätsbibliothek Essen).

Wittgensteins Nachlaß, Text und Facsimile. The Bergen Electronic Edition, CD-ROM, Oxford 2000.

Wuchterl, K. / Hübner, A., Ludwig Wittgenstein mit Selbstzeugnissen und Bilddokumenten, Reinbek 1994.

3. Kommentierte Bibliografie

Arnswald, U. / Weiberg, A. (Hg.), Der Denker als Seiltänzer. Ludwig Wittgenstein über Religion, Mystik und Ethik, Berlin 2001.
Ein Sammelband mit klärenden Arbeiten besonders zur Ethik von Wittgenstein.

Bezzel, C. (Hg.), Sagen und zeigen. Wittgensteins »Tractatus«, Sprache und Kunst, Berlin 2005.
Dieser Band versammelt fünfzehn Aufsätze zu den philosophischen, linguistischen, poetologischen und ästhetischen Konsequenzen und Implikationen des *Tractatus*.

Börncke, F. / Roser, A. (Hg.), Konkordanz zu Ludwig Wittgensteins Tractatus logico-philosophicus, Hildesheim 1995.
Sehr nützlich für die genaue Lektüre des *Tractatus*, unerlässlich für ein intensives Studium.

Glock, H.-J., Wittgenstein-Lexikon, Darmstadt 2000.
Für Fragen der Begriffsdifferenzierung nützliches Nachschlagewerk, das aber für die philosophische Interpretation weniger hilfreich ist.

Hacker, P. M. S., Einsicht und Täuschung. Wittgenstein über Philosophie und Metaphysik der Erfahrung, Frankfurt/M. 1978.
Ein 1972 zuerst erschienenes frühes Standardwerk zum Verhältnis von Sprache, Logik und Welt bei Wittgenstein.

Hintikka, M. B. / Hintikka, J., Untersuchungen zu Wittgenstein, Frankfurt/M. 1996.
Diese sehr ausführliche Abhandlung stößt zwar nicht vor bis zur Einsicht in die semiotische Verfassung der Philosophie von Wittgenstein, ist aber nützlich für die Beschäftigung mit der Bildtheorie im späteren Werk.

Janik, A. / Toulmin, J. S., Wittgensteins Wien, München 1998.
Das erstmals 1973 in den USA erschienene Buch markiert den Beginn der antipositivistischen Rezeption. Es stellt das Werk in den kulturhistorischen Hintergrund seiner Zeit und richtet sich gegen die Vereinnahmung für die analytische Philosophie. Besonders erhellend ist das Kapitel zum *Tractatus*.

Kenny, A., Wittgenstein, Frankfurt/M. 1989.
Klar geschriebene bewährte Interpretation, die den Blick auf das Gesamtwerk nicht verliert.

Kienzler, W., Wittgensteins Wende zu seiner Spätphilosophie. 1930–1932, Frankfurt/M 1997.
Eine sehr empfehlenswerte, klar geschriebene Studie.

Kroß, M., Klarheit als Selbstzweck. Wittgenstein über Philosophie, Religion, Ethik und Gewißheit, Berlin 1993.
Dieses sehr gut lesbare Buch gehört zu den Arbeiten, die die Offenheit des Philosophierens von Wittgenstein und dessen Abweisung des universalistischen Begriffsdenkens klar herausarbeiten.

Lampert, T., Wittgensteins Physikalismus. Die Sinnesdatenanalyse des Tractatus logico-philosophicus in ihrem historischen Kontext, Paderborn 2000.
Gegen die logizistische Interpretation gerichtete, brisante physikalistische Argumentation, nach der eine physikalische Sinnesdatenanalyse bei Wittgenstein vorauszusetzen ist.

Majetschak, S., Ludwig Wittgensteins Denkweg, Freiburg 2000.
Sperrig geschriebenes, aber gründlich argumentierendes weiterführendes Werk, für Fortgeschrittene.

Schulte, J. (Hg.), Texte zum Tractatus, Frankfurt/M. 1989.
Zeigt das kontroverse Ringen angelsächsischer Interpreten um die adäquate Interpretation des *Tractatus*, für Fortgeschrittene geeignet. Weiterführender Text von McGuinness über die Mystik des *Tractatus*.

Vossenkuhl, W. (Hg.), Von Wittgenstein lernen, Berlin 1992.
Der Band enthält einige weiterführende Arbeiten. Empfehlenswert wegen der Aufsätze von Ishiguro über Sprache und Welt und Birnbacher zur Metaphysik. Birnbacher widerlegt die Behauptung einer Ähnlichkeit des wittgensteinschen Werks mit der Metaphysik von Heidegger. Ishiguro beweist die Verträglichkeit des *Tractatus* mit der späteren sogenannten Gebrauchstheorie der Bedeutung.

Vossenkuhl, W., Ludwig Wittgenstein, München 2003.
Gut lesbare Einführung in das Gesamtwerk.

Watzka, H., Sagen und zeigen. Die Verschränkung von Metaphysik und Sprachkritik beim frühen und späten Wittgenstein. Stuttgart 2000.

Wright, G. H. von, Wittgenstein, Frankfurt/M. 1986.
Enthält ein Verzeichnis des Nachlasses und gibt einen Überblick über die Entstehung des *Tractatus*.

Wuchterl, K., Handbuch der analytischen Philosophie und Grundlagenforschung. Von Frege zu Wittgenstein, Berlin 2002.
Sehr nützliches und gut lesbares Werk, das Wittgenstein gegen den Hintergrund der logisch-mathematischen Argumentation wichtiger Theoretiker seiner Zeit abhebt.

Wuchterl, K. / Hübner, A., Ludwig Wittgenstein mit Selbstzeugnissen und Bilddokumenten, Reinbek 1994.
Immer noch die lebendigste Information über die Biografie von Wittgenstein.

4. Weitere Sekundärliteratur

Baker, G. P. / Hacker, P. M. S., An Analytical Commentary on the »Philosophical Investigations«, 4 Bde., Oxford 1980, 1985, 1990, 1996.
Benerab, G., Die operativ-pragmatische Basis der Sprachphilosophie Ludwig Wittgensteins. Eine Studie zur Kontinuität der Sprachphilosophie Ludwig Wittgensteins, Diss., Hamburg 1974.
Bezzel, C., Kunst des Philosophierens und Philosophie der Kunst, in: Wittgenstein. Biographie, Philosophie, Praxis. Ausstellung der WIENER SECESSION, Wien, 13. 9. – 29. 10. 1989, S. 275–289.
Ders., Wahrnehmungsspiel und Sprachspiel. Eine Skizze zu Wittgenstein, in: Semiotische Berichte 1, 2, 1992, S. 5–34.
Ders., Wittgenstein als Semiotiker, in: Kodikas / Code 15 / 1992, Nr. 1/1, S. 57–77.
Ders., Wahrnehmung, Sprache, Zeit. Zur Philosophie von Ludwig Wittgenstein, in: Kodikas / Code 19 / 1996.

Ders., Gesichtsraum. Zu Wittgensteins Wahrnehmungstheorie, in: Kodikas / Code 22 / 1999.

Ders., »Philosophie dürfte man eigentlich nur dichten.« Über Ludwig Wittgenstein, in: R. Faber / B. Naumann (Hg.), Literarische Philosophie – Philosophische Literatur, Würzburg 1999.

Ders., Aspektwechsel. Kunst nach Wittgenstein, in: E. List / M. Strauss (Hg.), Form in der Gegenwartskunst, Wien 1999.

Ders., »Ich stelle die Spiele als solche hin«. Spiel und Sprachspiel bei Wittgenstein, in: Aufgang. Jahrbuch für Denken, Dichten, Musik, Bd. 3, Stuttgart 2006.

Birnbacher, D., Wittgenstein und die »Grundfrage der Metaphysik«, in: W. Vossenkuhl (Hg.), Von Wittgenstein lernen, Berlin 1992.

Böhler, D., Wittgenstein und Augustinus. Transzendentalpragmatische Kritik der Bezeichnungstheorie der Sprache und des methodischen Solipsismus, in: A. Eschbach / J. Trabant (Hg.), History of Semiotics, Amsterdam 1983.

Bouveresse, J., Poesie und Prosa. Wittgenstein über Wissenschaft, Ethik und Ästhetik, Düsseldorf 1994.

Brosch, A., Die Logik des Tractatus, Frankfurt/M. 1995.

Copi, I. M. / Beard, R. W. (Hg.), Wittgenstein's Tractatus, London 1966.

Fahrenbach, H., Die logisch-hermeneutische Problemstellung in Wittgensteins »Tractatus«, in: R. Bubner u. a. (Hg.), Hermeneutik und Dialektik, Bd. 2, Tübingen 1970.

Finch, H. L., Wittgenstein. The Later Philosophy, Atlantic Highlands 1977.

Fischer, H. R., Sprache und Lebensform. Wittgenstein über Freud und die Geisteskrankheit, 2. Aufl., Heidelberg 1991.

Geier, M., Das Sprachspiel der Philosophen. Von Parmenides bis Wittgenstein, Reinbek 1989.

Haller, R. / Puhl, K. (Hg.), Wittgenstein und die Zukunft der Philosophie. Eine Neubewertung nach 50 Jahren, Wien 2002.

Hallet, G., A Companion to Wittgenstein's »Philosophical Investigations«, Ithaca / N. Y. 1977.

Hilmy, S. S., The Later Wittgenstein. The Emergence of a New Philosophical Method, Oxford 1987.

Ishiguro, H., Die Beziehung zwischen Sprache und Welt im früheren und späteren Wittgenstein, in: W. Vossenkuhl (Hg.), Von Wittgenstein lernen, Berlin 1992.

Kampits, P., Ludwig Wittgenstein. Wege und Umwege zu seinem Denken, Graz 1985.

Kaspar, R. F., Wittgensteins Ästhetik. Eine Studie, Wien 1992.

Kellerwessel, W. / Peuker, Th. (Hg.), Wittgensteins Spätphilosophie. Analysen und Probleme, Würzburg 1998.

Krebs, A., Worauf man sich verlässt. Sprach- und Erkenntnisphilosophie in Ludwig Wittgensteins »Über Gewißheit«, Würzburg 2007.

Kroß, M., Die Selbstverständlichkeit der Metapher, in: U. Arnswald / J. Kertscher / M. Kroß (Hg.), Wittgenstein und die Metapher, Berlin 2004.

Lange, E. M., Ludwig Wittgenstein: Logisch-philosophische Abhandlung. Ein einführender Kommentar in den »Tractatus«, Paderborn 1996.

Lyotard, J.-F., »Nach« Wittgenstein, in: ders., Grabmal des Intellektuellen, Wien 1985.

Majer, U., Hertz, Wittgenstein und der Wiener Kreis, in: H.-J. Dahms (Hg.), Philosophie, Wissenschaft, Aufklärung. Beiträge zur Geschichte des Wiener Kreises, Berlin 1985.

Mann, C., Wovon man schweigen muß. Wittgenstein über die Grundlagen von Mathematik und Logik, Wien 1994.

Manser, A. R., The End of Philosophy: Marx and Wittgenstein, Southampton 1973.

Pichler, A., Wittgensteins »Philosophische Untersuchungen«: vom Buch zum Album, Amsterdam 2004.

Ramharter, E. / Weiberg, A., »Die Härte des logischen Muß«. Wittgensteins Bemerkungen über die Grundlagen der Mathematik, Berlin 2006.

Rust, A., Wittgensteins Philosophie der Psychologie, Frankfurt/M. 1996.

Savigny, E. von, Wittgensteins »Philosophische Untersuchungen«. Ein Kommentar für Leser, 2 Bde., 1994 und 1996.

Scheier, C. A., Wittgensteins Kristall. Ein Satzkommentar zur »Logisch-philosophischen Abhandlung«, Freiburg 1991.

Schneider, H.-J. / Kroß, M. (Hg.), Mit Sprache spielen. Die Ordnung und das Offene nach Wittgenstein, Berlin 1999.

Stenius, E., Wittgensteins Traktat, Frankfurt/M. 1969.

Terricabras, J. M., Ludwig Wittgenstein. Kommentar und Interpretation, Freiburg 1978.

Vossenkuhl, W. (Hg.), Ludwig Wittgenstein. Tractatus logico-philosophicus, Berlin 2001.

Wiggershaus, R. (Hg.), Sprachanalyse und Soziologie. Die sozialwissenschaftliche Relevanz von Wittgensteins Sprachphilosophie,
Frankfurt/M. 1975.

Winch, P. (Hg.), Studies in the Philosophy of Wittgenstein, London
1969.

Zimmermann,]., Wittgensteins sprachphilosophische Hermeneutik,
Frankfurt/M. 1975.

Schlüsselbegriffe

(T = *Tractatus*; PU = *Philosophische Untersuchungen*)

Abbildtheorie   Siehe Bild.

Aspektsehen   Grundbegriff der Wahrnehmungstheorie und Ästhetik des späteren Wittgenstein. Gemeint ist das »Sehen als«. Wahrnehmung ist als Handeln letztlich immer Konstruktion.

Bedeutung   Siehe Gebrauch.

Bild   Entscheidender Begriff des T, nach dem der Satz die logische Form der Tatsachen ausdrückt. Das Bild ist ein von Menschen produziertes Modell der Wirklichkeit, der strukturelle, nicht mimetische, Versuch einer Projektion auf die Wirklichkeit, es ist eine Analogie zur Wirklichkeit. Das Bild selbst ist eine Tatsache, die als »Satzzeichen« materiell wird. Jeder sinnvolle Satz ist ein Bild. Später dehnt Wittgenstein den Bildbegriff auf Bilder jeder Art aus, zum Beispiel Genrebilder und Porträts, nennt aber immer noch aufs Mimetische beschränkte Bilder »gleichsam müßig« (PU 291).

Definition, hinweisende   Sie schlägt, ob gestisch oder sprachlich, isoliert keine brauchbare Brücke zur Wirklichkeit. Sie kommt nicht *vor* der Sprache, sondern funktioniert nur als eigenes Sprachspiel. Selbst ein Wegweiser funktioniert nur innerhalb eines Kontextes. Jede Namenstheorie ist unbrauchbar.

Elementarsatz   Wichtiges Konstrukt des T, von Wittgenstein später aufgegeben. Der Elementarsatz ist der einfachste Satz, eine Verkettung von Namen. Er behauptet das Bestehen eines Sachverhalts. (Alle denkbaren Elementarsätze ergäben eine vollständige Weltbeschreibung.)

Ethik   Der rigoros moralisch denkende Wittgenstein begründet im T, warum es logisch-philosophisch keine verbalisierbare Ethik geben kann, ebenso wenig wie die Philosophie den Sinn des Lebens sprachlich direkt ausdrücken kann. Ein glückliches Leben fällt mit einem guten zusammen, Wittgenstein bezieht die Ästhetik ein. Die Ethik gründet in der Erfahrung des rätselhaften Dass der Welt. Es kann – im Unterschied zum Wie – nicht ausgesagt werden.

Familienähnlichkeit Metaphorischer Ausdruck des starken Analogiedenkens von Wittgenstein, der sich gegen die Illusion trennscharfer Wesensbegriffe richtet. Begriffe bilden Netze von Ähnlichkeit und Unähnlichkeit, sie kreuzen und übergreifen sich.

Form, logische Der Satz ist im T der Wirklichkeit strukturell kongruent. Das ist seine logische Form. Er kann sie selbst nicht darstellen, sie zeigt sich in ihm. Es gibt keine Metasprache.

Gebrauch Schlüsselbegriff des gegen Wesensbegriffe gerichteten Sprachspieldenkens. Schon im T spielt er eine wichtige Rolle. Für Wittgenstein zeigt sich Bedeutung im kommunikativen Zeichengebrauch; er entwickelt aber keine linguistische »Theorie« der Bedeutung, weil dies zu einem verdinglichten Begriff der in Wahrheit variablen Bedeutung führen würde. Nur abkürzend kann man von einer »Gebrauchstheorie der Bedeutung« sprechen.

Gedanke Denken und Sprache sind im T eng verbunden. Für den expliziten Gedanken gilt, dass er das logische Bild der Tatsachen ist. Im Satz als akustischem oder grafischem Zeichen materialisiert er sich zum »Satzzeichen«.

Gegenstand Bis heute in der Sekundärliteratur strittiger früher Begriff für Faktizität. Von Wittgenstein später als terminologisch unschlüssiger Begriff aufgegeben.

Gewissheit Im Rahmen der kultursoziologisch fundierten Erkenntnistheorie des späten Wittgenstein kann subjektiv-kollektive Sicherheit des Wissens nur im Netz aller Überzeugungen, in einer Lebensform bestehen. Das Ende des Zweifels ist eine lebenspraktisch notwendige Entscheidung.

Grammatik Nicht eng linguistisch zu verstehender Begriff aus dem Spätwerk, der den frühen Begriff der »Logik« fortführt. Die Grammatik stellt die »Geschäftsbücher der Sprache« dar und schließt die pragmatische Regelhaftigkeit der Sprachspiele bis zum Horizont der Lebensform ein.

Grenze Schwer ausdeutbare Metapher im T, nach der die Grenzen meiner Sprache die Grenzen meiner Welt bedeuten, was konstruktivistisch, nicht subjektivistisch zu verstehen ist. Wittgenstein war kein Solipsist im traditionellen Sinn.

Kalkül Zur Erweiterung des Satzbegriffes in der mittleren Zeit verwendeter Begriff für das Zeichenhandeln, bevor Wittgenstein den Sprachspiel-Begriff findet.

Lebensform Gesamtheit aller soziokulturellen Sprachspiele einer Zeit. Wittgenstein bietet jedoch keine »Theorie« der Lebensform.

Logik Der T ist ein Werk der formalen Logik, die allerdings durch die Bildtheorie und das Unaussprechliche in ihrem Wahrheitsanspruch begrenzt wird. Sie ist philosophischen Sinnfragen unzugänglich (womit die Rezeption heute noch Probleme hat). Im Spätwerk erweitert Wittgenstein die Logik zur »Grammatik« der Sprachspiele.

Meinen und verstehen Meinen und verstehen sind für Wittgenstein keine isolierten mentalen Zustände, sondern Handeln in Sprachspielen, Zeichengebrauch. Verstehen heißt, eine Sprache zu beherrschen.

Möglichkeit Entscheidende Kategorie im T, dem zufolge die Logik von jeder Möglichkeit handelt. Das Bild und der Gedanke enthalten die Möglichkeit einer Sachlage.

Namen Im T das einfache Zeichen (»Urzeichen«), das als Platzhalter den Gegenstand vertritt und erst im Satzzusammenhang Bedeutung hat. Der Name ist kein Bild und er ist arbiträr. Dies spitzt Wittgenstein in den PU zu, indem er sich gegen die Verwechslung der Bedeutung eines Namens mit dem Träger eines Namens wendet. Die Bedeutung eines Namens ist nicht ein für alle Mal festzulegen.

Philosophie ist für Wittgenstein nicht Lehre, sondern Sprachkritik in einem weiten Sinn. Philosophische Sätze sind »unsinnig«; aber sie können erläutern. Als Tätigkeit ist die Philosophie Herstellung von begrifflich-sprachlicher Klarheit, sie will Übersicht, nicht Ordnung. Wittgensteins Einstellung zur Philosophie war lebenslang ambivalent. Sein Ziel war »Frieden in den Gedanken«.

Privatsprache Wittgensteins Argumentation gegen Privatsprache betrifft nicht die Subjektivität, sondern verdeutlicht den notwendig gesellschaftlichen Charakter des kommunikativen Befolgens von Regeln.

Projektionsmethode Strukturell zu verstehender Begriff des T, der die Beziehung des Satz-Bildes zur Wirklichkeit metaphorisch angibt. Wittgenstein spricht von »Fühlern«. Die Beziehung wird vom Menschen hergestellt, sie ist nicht metaphysisch.

Regeln Jedes Spiel und jedes Sprachspiel folgt unterschiedlich strikten Regeln. Das Sprachspiel dominiert dabei übergreifend und sich verändernd die Regeln, nicht umgekehrt. Sprachliches wie kulturelles Handeln findet als Wechsel von Geregeltheit und Ungeregeltheit statt und ist wandelbar.

Sagen und zeigen Die Differenz zwischen sagen und zeigen bildet den Kern des T; thematisch durchzieht sie das Gesamtwerk.

Satz Thematischer Begriff des T. Als Bild der Wirklichkeit ist er eine Projektion auf die Tatsachen der Welt. Er drückt einen Gedanken aus und hat Sinn, unabhängig von der Frage, ob er wahr oder falsch ist, was erst der Vergleich des Satzes mit der Wirklichkeit zeigt. Der Satz ist eine Verkettung von Namen, den »Urzeichen«. Im materiellen (akustischen oder visuellen) Satz-Zeichen verdoppelt sich Wirklichkeit, der Satz ist eine Tatsache. Sätze können nicht den »Sinn der Welt« aussagen, weil sie *in* der Tatsachenwelt bleiben. Der spätere Wittgenstein sprengt den Begriff pragmatisch durch den des Sprachspiels.

Schweigen Das Schweigegebot des T (Satz 7) betrifft die Unmöglichkeit, mehr als die dingliche Bedeutung der Welt auszusagen. Ihr höherer Sinn kann sich nur zeigen, als quasi kosmologisches Gefühl der Welt als begrenztes Ganzes, was sich auch in der Kunst ausdrückt. Die Differenz von sagen und zeigen ist unüberwindlich.

Sehen als Siehe Aspektsehen

Sinnvoll, sinnlos, unsinnig Im T unterscheidet Wittgenstein sinnvolle Sätze (Satz-Bilder) von sinnlosen logischen und unsinnigen philosophischen. Siehe Philosophie, siehe Tautologie.

Spiel Ausgehend vom Schachspiel entwickelt Wittgenstein von etwa 1930 an einen kontextabhängigen Spielbegriff, der den des Satzes pragmatisch ablöst. Siehe Sprachspiel.

Sprache Sprache ist für Wittgenstein immer eine Tätigkeit, keine abstrakt definierbare Wesenheit. Sie hat räumliche und zeitliche Dimensionen, ist ein Ding (PU 108): Im T ist Sprache die Produktion von Satz-Bildern, im Spätwerk in Gestalt der mannigfaltigen Sprachspiele Teil einer Lebensform. Wittgensteins Denken richtete sich zunächst auf den Satz, später auf die Umgangssprache.

Sprachspiel Zentraler Begriff des späteren Werks, den Wittgenstein aus dem Vergleich mit dem Schachspiel, dann mit Spielen aller Art entwickelt. Er ist die Konsequenz aus der Unmöglichkeit, Sprache abstrakt zu definieren. Jeder Zeichengebrauch ist soziales Handeln, ob primitiv oder komplex. Es gibt unzählige Sprachspiele: Sie bilden die jeweilige Lebensform einer Kultur, die sich mit neuen Sprachspielen verändert.

Tautologie Zusammen mit der Kontradiktion bildet sie im T den Nullpunkt, sie ist sinnlos, aber nicht unsinnig.

Unaussprechliches Wichtiger philosophischer Begriff des T, der die enge Grenze jeder logischen Aussage über die Welt angibt und auf die Unmöglichkeit hinweist, den Sinn der Welt auszusagen. Das Unaussprechliche ist das, was sich nur zeigen kann.

Wahrheit Bereits im T transzendiert Wittgenstein diesen Begriff der klassischen Logik, indem er die Entscheidung über wahr oder falsch in den Vergleich des Satzes mit der Wirklichkeit legt. Ein Satz hat Sinn, ist aber nur potenziell wahr. Siehe Möglichkeit.

Welt Der Begriff »Welt« als »alles, was der Fall ist«, ist nicht ontologisch zu verstehen, sondern als Verweis auf die Faktizität von Sachverhalten.

Weltbild Der späte Wittgenstein entwickelt aus seinem Sprachspieldenken einen Begriff von »Weltbild«, der auf gewohnten Hand-
lungs- und Verhaltensweisen basiert, nicht auf bewiesenen Erkennt-
nissen.

Zeichen Arbiträres Element einer Zeichenkette im textuellen
Sprachgebrauch. Das Zeichen allein ist »tot«.

Zeittafel

1889	Ludwig Wittgenstein wird am 26. April als Sohn von Leopoldine und dem Großindustriellen Karl Wittgenstein in Wien geboren.
1902	Tod des ältesten Bruders Hans.
1903	Besuch der Realschule in Linz.
1904	Tod des zweiten Bruders (Selbstmord).
1906	Maturum. Herbst: Beginn des Ingenieurstudiums an der Technischen Hochschule in Berlin-Charlottenburg.
1908	Student des College of Technology in Manchester: Drachenflugexperimente. Research Student an der Universität von Manchester: Entwicklung eines Flugzeugmotors.
1910	Erster Band der *Principia Mathematica* von Bertrand Russell und Alfred North Whitehead.
1911	Ab Herbst: Gasthörer bei Russell in Cambridge (auf Empfehlung von Gottlob Frege).
1912	Immatrikulation am Trinity College in Cambridge. Freundschaft mit Bertrand Russell, George Edward Moore und John Maynard Keynes. Psychologische Experimente über den Rhythmus von Sprache und Musik. Bruchoperation (daher Befreiung vom Militärdienst). September: Reise nach Island. Dezember: Erstes Referat vor dem »Moral Science Club« (»Was ist Philosophie?«). Besuch bei Frege in Jena. Weihnachten in Wien.
1913	Tod des Vaters. Wittgenstein erbt ein sehr großes Vermögen. Sommer in Hochreith (Landsitz der Familie). Anfang Oktober: Treffen mit Russell in Cambridge *(Notes on Logic)*. Herbst bis Sommer 1914: erster Aufenthalt in Norwegen. Bau einer Blockhütte bei Skjolden. Weihnachten in Wien.
1914	März/April: Besuch von Moore in Skjolden *(Notes dictated to G. E. Moore)*. Ab Juli in Wien und Hochreith. Stiftung von 100 000 Kronen für Rilke, Trakl, Kokoschka und andere. Kriegsfreiwilliger, zuerst in Krakau. Beginn der erhaltenen Tagebücher.

1915	Urlaub in Wien. Kriegsdienst bei Lemberg. Nervenschock nach Explosion in einer Werkstatt. Lazarett.
1916	Als Artilleriebeobachter an der Front in Galizien. Ab Herbst in Olmütz.
1917	An der Bukowina-Front.
1918	Italien. Front bei Asagio. Tod des Freundes David Pinsent. Sommer: Abschluss des *Tractatus*. Rückkehr an die Front. Selbstmord des Bruders Kurt. Gefangennahme bei Trient. Lager bei Como.
1919	Kriegsgefangenschaft auf Monte Cassino. Wittgenstein schickt das Manuskript des *Tractatus* an Russell. Rückkehr nach Wien (August). Wittgenstein schenkt seinen Geschwistern sein Millionenerbe. Vergeblicher Versuch bei fünf Verlegern, den *Tractatus* zu publizieren. Beginn der Volksschullehrerausbildung. Treffen mit Russell in Den Haag.
1920	Zeugnis der Lehrerbildungsanstalt. Ferienarbeit als Gärtnereigehilfe. Erste Lehrerstelle in Trattenbach (bis Sommer 1922).
1921	Reise nach Norwegen. Erste Publikation des *Tractatus*.
1922	In Innsbruck Ende der Freundschaft mit Russell. Volksschullehrer in Puchberg. Deutsch-englische Ausgabe des *Tractatus*.
1923	Besuch des britischen Mathematikers und Logikers Frank Ramsey in Puchberg.
1924	Wiederholte Besuche von Ramsey. Volksschullehrer in Otterthal. Moritz Schlick (Wiener Kreis) nimmt Kontakt zu Wittgenstein auf.
1925	Im Sommer in Manchester, Cambridge und Sussex.
1926	Aufgabe des Lehrerberufs. Gärtnereigehilfe. Tod der Mutter. Wittgenstein baut (zusammen mit P. Engelmann) für seine Schwester ein Haus (bis 1928). Das *Wörterbuch für Volksschulen* erscheint.
1927	Kontakte mit dem Wiener Kreis (Moritz Schlick, Friedrich Waismann, Rudolf Carnap).
1928	Anregung zur Philosophie durch einen Vortrag des niederländischen Mathematikers Luitzen Egbertus Jan Brouwer.
1929	Rückkehr nach Cambridge. Der *Tractatus* wird als Dissertation anerkannt. 13. Juli: Vortrag in Nottingham über

Mathematik. 17. November: Vortrag in Cambridge *(A Lecture on Ethics)*.

1930   Tod des Freundes Ramsey. Fellow am Trinity College (Forschungs- und Lehrauftrag bis 1935/36). Erstes Seminar über Sprache, Logik und Mathematik.

1931   Weitere Seminare. Sommer in Österreich. Beurlaubung von der Lehrverpflichtung für 1931/32.

1932   Ab Oktober: Vorlesungen über Sprache, Logik und Mathematik.

1933   Ferien mit Schlick in Italien. Diktat des *Blauen Buches* (1933/34). Arbeit an der *Philosophischen Grammatik* (1933/34). Wittgenstein beginnt, Russisch zu lernen.

1934   Ostern in Wien. Buchprojekt mit Waismann. September: Irland. Diktat des *Braunen Buches* in Cambridge.

1935   Seminar über philosophische Psychologie. Plan, nach Russland zu emigrieren. September/Oktober: Reise nach Leningrad, Moskau und Kasan. Dort Angebot eines philosophischen Lehrstuhls.

1936   Ende des Research Fellowship. Plan, Medizin zu studieren. Ferien in Frankreich. Ab August: Neun Monate in Skjolden. Arbeit an den *Philosophischen Untersuchungen*.

1937   Besuch in Wien und Cambridge von Skjolden aus. Wittgenstein schenkt seiner Schwester die erste Fassung der *Philosophischen Untersuchungen* (Text 1–189). Juni: Rückkehr nach Cambridge. Diktat einer Überarbeitung der *Philosophischen Untersuchungen*. Im August nach Skjolden. Besuche von Freunden. Im Dezember nach Wien.

1939   Ernennung zum Professor der Philosophie als Nachfolger von George Edward Moore. Englische Staatsbürgerschaft.

1940   Referate im »Moral Science Club« und vor der »Mathematical Society«. Seminare im Zusammenhang mit den *Philosophischen Untersuchungen*. Private Diskussionen über Ästhetik.

1941   Tod des Freundes Francis Skinner. Ab November: Freiwillige Arbeit am Guy's Hospital in London als Laborant für Dermatologie. Nur noch private wöchentliche Kurse in Cambridge.

1942   Arbeitsferien in Swansea. Ab Juli wieder in London im Krankenhaus.

1943	Vorlesungen. Ab April als Laboratory Technician im Krankenhaus von Newcastle. Wittgenstein liest mit einem Freund wieder den *Tractatus*. Entschluss, die *Philosophischen Untersuchungen* zusammen mit dem *Tractatus* zu publizieren.
1944	Kündigung in Newcastle. März bis September: bei Rush Rhees in Swansea. Ab Oktober wieder Professor in Cambridge.
1945	Wittgenstein schreibt die *Bemerkungen über die Philosophie der Psychologie* und hält ein Seminar dazu.
1946	Seminare zu den Grundlagen der Mathematik und zur Philosophie der Psychologie. Vortrag im »Moral Science Club«.
1947	Wittgenstein legt seine Professur nieder. Im Dezember Umzug nach Irland für eineinhalb Jahre, zunächst nach Red Cross, Wicklow.
1948	In Rosro Cottage, Renvyle. Im Oktober für drei Wochen in Cambridge, wo er Manuskripte diktiert. November: In Ross' Hotel in Dublin. Dezember: Erstes Testament.
1949	Abschluss des zweiten Teils der *Philosophischen Untersuchungen*. Besuch in Wien. Juli/August: In Ithaca/USA bei Norman Malcolm. Gemeinsame Lektüre des Anfangs des *Tractatus*. Plan, die *Philosophischen Untersuchungen* mimeografiert für Freunde herauszugeben. Krankheit. Oktober: Diagnose von Prostatakrebs. Bei Freunden in Cambridge und Oxford.
1950	Wien, Cambridge, Oxford. Letzte Reise nach Norwegen. Wien. Wittgenstein ordnet die Verbrennung einer großen Menge schriftlichen Materials aus allen Perioden seines Schaffens an. Letzte Fragmente *Über Gewißheit* (bis 27. April 1951).
1951	Zweites Testament. Wittgenstein wohnt bei Dr. Bevan in Cambridge. Ludwig Wittgenstein stirbt am 29. April.

In der Reihe bereits erschienen

Dirk Baecker
Kommunikation
ISBN 978-3-15-020119-0

Hauke Brunkhorst
Habermas
ISBN 978-3-15-020309-5

Wolfgang Detel
Aristoteles
ISBN 978-3-15-020314-9

Béatrice Durand
Rousseau
ISBN 978-3-15-020315-6

Eva-Maria Engelen
Descartes
ISBN 978-3-15-020123-7

Eva-Maria Engelen
Gefühle
ISBN 978-3-15-020316-3

Andreas Gelhard
Levinas
ISBN 978-3-15-020300-2

Heiner Hastedt
Sartre
ISBN 978-3-15-020120-6

Detlef Horster
Sozialphilosophie
ISBN 978-3-15-020118-3

Beatrix Himmelmann
Nietzsche
ISBN 978-3-15-020305-7

Reinhard Mehring
Politische Philosophie
ISBN 978-3-15-020121-3

Richard Purkarthofer
Kierkegaard
ISBN 978-3-15-020302-6

Johannes Rohbeck
Marx
ISBN 978-3-15-020308-8

Gunzelin Schmid Noerr
Geschichte der Ethik
ISBN 978-3-15-020304-0

Herbert Schnädelbach
Kant
ISBN 978-3-15-020124-4

Herbert Schnädelbach
Vernunft
ISBN 978-3-15-020317-0

Therese Frey Steffen
Gender
ISBN 978-3-15-020307-1

Martin Stingelin
Deleuze
ISBN 978-3-15-020306-4

Dieter Sturma
Philosophie des Geistes
ISBN 978-3-15-020122-0

Udo Tietz
Heidegger
ISBN 978-3-15-020117-6

Annette Vowinckel
Hannah Arendt
ISBN 978-3-15-020303-3

Philipp Reclam jun. Stuttgart